Die Kunst der Kölschen Lebensart
von Milca und Jan Künster

ISBN: 978-3-00-035461-8
www.jan-kuenster.com
Alle Rechte vorbehalten
© 2017 Milca und Jan Künster – Edition Modity

2. Auflage Sommer 2017

© 2017 Milca und Jan Künster, edition modity

Aquarell-Zeichnungen: Jan Künster

Texte: Milca Künster

Englischer Text Übersetzungen: Kathrin Eisenburger

Kölsche Übersetzungen: Günther Voigt

Grafische Gestaltung, Layout, Satz, Scans
Moritz Künster

Lektorat: Susanne Künster, Roswitha und Dieter Keller

Reproarbeiten und Druck: Firma E & R Repro GmbH, Buchdorf

Gesetzt aus der Goudy Old Style
Gedruckt auf MultiArt Gloss gestrichenes Bilderdruckpapier

Das Werk einschließlich aller Bilder und Texte ist urheberrechtlich geschützt.
Jede Verwertung, Vervielfältigung und Verarbeitung außerhalb der Grenzen des
Urheberrechtsgesetzes ist ohne ausdrückliche Zustimmung der Autoren nicht zulässig.

All rights reseved.

Inhalt

I. Kölle wie et wor   Cologne as it was

För dä Zick	In former times	4
De Römer	The Romans	6
De Franke	The Franconias	10
Dat Middelalder	The Middle Ages	12
De Franzuse	The French	20
De Preusse	The Prussian	22

II. Kölle wie et es   Cologne as it is   24

Dä Dom	The Cologne Cathedral	28
De Aldstadt – Ene Spazierjang	The Old town	32
Wat kanns de maache en Kölle?	What to do in Cologne?	46
Dä Rhing entlang	Along the Rhine	52
De Schäl Sick	The other side	54
Em Zoo	Cologne Zoo	59
De Flora	The Flora	60
Op dä Rennbahn	The Racecourse	61

III. Lück us Kölle   62
Famous people from Cologne

IV. Fastelovend   Carnival   70

V. Et Kölsche Jrundjesetz   76
The Cologne Basic Law

Kölle, wie et wor
För dä Zick

Der Kölner besinnt sich gerne seiner römischen Wurzeln. Aber sind die wirklich ausschließlich römisch? Und wer lebte vorher in diesem fruchtbaren Landstrich am großen Strom?

In der Altsteinzeit hielt sich nachweisbar der Neandertaler ganz in der Nähe auf und zwar in Richtung einer weiteren Großstadt am Rhein, deren Name in Köln nicht gerne genannt wird. Es ist also davon auszugehen, dass schon diese urzeitlichen Jäger und Sammler die rheinische Ebene diesseits und jenseits des Flusses bevölkert haben.

Später wurden die aus dem Homo Sapiens hervorgegangenen Bewohner dieser Gegend sesshafter. Sie betrieben bereits Ackerbau und Viehzucht, was durch Funde aus der Bronze- und Eisenzeit dokumentiert wird.

Die Geschichte wird jedoch erst greifbar mit der Besiedlung der Kölner Bucht durch Kelten und Germanen. Die beiden Volksstämme waren durch den Rhein auf natürliche Weise getrennt. Während die Germanen überwiegend rechtsrheinisch lebten, erstreckte sich das Reich der Kelten, das man Gallien nannte, von den Alpen über das heutige Frankreich entlang des Flusses bis zur Nordsee.

Heute weiß man, dass schon etwa 800 Jahre vor unserer Zeitrechnung Kelten im Gebiet Kölns siedelten. Belegt wird dies durch einen sensationellen archäologischen Fund aus dem Jahr 2010 in Paffendorf bei Bergheim. Dort wurde ein riesiger keltischer Friedhof ausgegraben, der auf diese Zeit zurückdatiert wird. Weitere Relikte belegen die Anwesenheit der Kelten an verschiedensten Orten in der näheren Umgebung. Im Schrifttum ist ferner erwähnt, dass der Kölner Dom an einer besonderen Stelle errichtet worden ist, auf dem schon ein römischer Tempel stand, der wiederum auf einer ursprünglich keltischen Kultstätte erbaut worden war. Auch die Kirchen St. Gereon und St. Maria im Kapitol werden im Zusammenhang mit solchen Kultstätten genannt.

Wie es nun im Rheinland so ist, kam es im Laufe der Zeit zu einer Vermischung von Kelten und Germanen. Es entwickelte sich der Stamm der Eburonen, der im letzten vorchristlichen Jahrhundert das Rheinland bevölkerte. Diese Region gehörte zu Gallien, das Julius Caesar bekanntlich ganz beherrschen wollte. Die kleinen aufständischen Bretonen im Westen und die frechen Eburonen im Rheinland waren ein Dorn im Auge des Imperators. Nach der geschichtlichen Dokumentation kam es dann im Winter 55/54 v. Chr. zur Entscheidung, die letztendlich zu Gunsten der Römer ausgefallen ist. Die Eburonen wurden vernichtend geschlagen und der Weg zur Errichtung einer römischen Siedlung war frei.

In former times

The citizens of Cologne are proud of their roman roots. But are they really only roman? And who used to live by the huge river Rhine back in the days? There's proof that in the Stone Age, Neanderthals lived nearby. So it seems pretty obvious that these primeval hunters and gatherers lived in the area of today Cologne.

But history was written with the Colonization of Celts and the Germanic people, proven by corpus of finds in the Rhineland. Both tribes were naturally divided by the river Rhine. The Germanic people lived on the right side, while the Celts Empire, called Gaul, covered the area from the Alps via France up to the North sea on the left.

Eventually, the roman Emperor Julius Caesar fell for the Rhineland Charms.
He exiled the Germanic people to raise a roman colony.

De Römer

Anno 38 v. Chr. entsandte Kaiser Augustus seinen Feldherrn Agrippa ins Rheinland, der dort eine römische Stellung errichten sollte. Auf dessen Betreiben siedelten die römerfreundlichen Ubier auf der linken Seite des Ufers. Der kleine Germanenstamm wurde nicht nur zur tatkräftigen Unterstützung bei der Urbarmachung der Gegend und bei der Errichtung einer Infrastruktur gebraucht, sondern auch zur Sicherung der Rheingrenze gegen die sonst doch recht feindlich gesinnten Germanen. Die Ubier begründeten ihr Stammeslager in einem hochwassergeschützten Bereich, dem eine schmale Rheininsel und ein natürliches kleines Hafenbecken vorgelagert waren.
Dieses Gebiet – also die Kölsche Urzelle – kennt man heute als Kölner Altstadt.

Unter der Leitung des Agrippa und mit Unterstützung der dort stationierten römischen Legionen entwickelte sich das Ubier-Lager sehr schnell zu einer festen Ansiedlung. Die Enkeltochter des Agrippa, die schöne und ehrgeizige Agrippina, ehelichte den römischen Kaiser Claudius und erreichte dadurch im Jahr 50 n. Chr. die Erhebung ihres Wohnortes zur „Kolonie" des römischen Reiches. Damit war die Colonia Claudia Ara Agrippinensium (CCAA) geboren, die spätere Hauptstadt der römischen Provinz Niedergermanien. Ein „Kölsches Mädchen" war Kaiserin des Römischen Reiches. Agrippina gebar ihrem Gemahl einen Sohn, der später als der berüchtigte Kaiser Nero in die Geschichte eingehen sollte.

Diese frühgeschichtliche Betrachtung macht deutlich, dass Köln nicht nur römische Wurzeln hat, sondern auch keltische und germanische Ursprünge. Die späteren Einflüsse durch den Klerus, die Pilger und die Handelsleute im Mittelalter und schließlich durch Franzosen und Preußen führten zur Entwicklung einer Weltstadt, die alle und alles in sich aufgenommen hat. Aber, der Reihe nach…

Kurz nach Beginn unserer Zeitrechnung hatten sich die Römer am Rhein etabliert. Aus dem kleinen Oppidum Ubiorum, also aus einer „umwallten Siedlung der Ubier", war eine bedeutende Kolonie des Römischen Herrscherreiches geworden.

Um dies auch nach außen angemessen zu demonstrieren, baute man um die Ansiedlung herum eine steinerne Stadtmauer, die mit 4 Kilometern Länge, 8 Metern Höhe und 2,40 Metern Dicke gewaltige Ausmaße hatte. Heute ist davon noch der nordwestliche Eckturm erhalten, der nach kölscher Manier einfach als „Römerturm" bezeichnet wird.

Die Römer blieben mehr als 400 Jahre in der Stadt, bauten sie aus und entwickelten ein großzügiges gesellschaftliches Leben. Köln war bereits zu dieser Zeit eine der größten und bedeutendsten Städte Europas.

The Romans

In the year of 38 B.C. Emperor Augustus sent his General Agrippa to the Rhineland to raise a roman state.

He put the roman-friendly „Ubier" on the left riverside to get help with the cultivation of the region, to build an infrastructure and secure the Rhine border.

They settled down in a flood-proof area with a slim Rhine-island and a natural dock which is known as Cologne's historical center these days.

Things developed fast and in the year of 50 B.C. that location became a colony of the roman Empire. Cologne was born. The Romans stayed for more than 400 years in the city, built it up and developed a broad social life. Being the capital of „Niedergermanien", Cologne soon became one of the biggest and most significant cities of Europe.

Schön war es im antiken Köln. Es war eine funktionierende Wirtschaftsmetropole mit kreuzenden Fernhandelswegen und dem Rhein als Wasserstraße. Das kulturelle Leben blühte. Es gab Märkte, Feste und sogar ein Amphitheater. Schon damals galt der Grundsatz: „Kumm loss mer fiere, net lamentiere!"

Das hat sich eindeutig aus dem Römischen entwickelt, denn in der italienischen Übersetzung ist die „Fiera" eine Messe oder ein Markt und „lamentare" bedeutet etwa „sich beklagen". Jeder kennt auch den Ausdruck „Lamento", der in Köln für „viel Lärm um Nichts" verwendet wird.

In dieser frühen fast schon dekadenten Blütezeit kam das Wasser nicht aus dem Rhein, denn der war nach damaligen Verhältnissen bereits verschmutzt. Man verlangte vielmehr nach Quellwasser, das per Aquädukt aus der Eifel geliefert wurde und die Brunnen und Thermen speiste.

Rasch stieg Colonia zur Hauptstadt der Provinz Niedergermanien auf. Ein Praetorium musste her, also ein Statthalterpalast. Der wurde dort errichtet, wo heute das alte Kölner Rathaus steht. Bemerkenswert ist, dass diese Stelle allen Kölner Herrschern durch die Jahrhunderte als Regierungssitz gedient hat, also nicht nur den Römern, sondern auch den fränkischen Herrschern, ebenso wie den Stadtoberen im Mittelalter und den heutigen „Statthaltern". Seit römischer Zeit werden von dieser Stelle aus die Geschicke der Stadt Köln gelenkt. *Dat es einmalig!*

Der römische Kaiser Konstantin brachte Köln im 4. Jahrhundert das Christentum. Außerdem ließ er die erste feste Rheinbrücke errichten.
Die Pontonbrücke, die Julius Caesar schon während des Bellum Gallicum dort benutzt hatte, war schließlich nicht dauerhaft.
Die „Konstantinbrücke" war aus Holz, aber mit eisernen Pfeilern und mit einem Brückenkopf auf der „anderen Seite". Da der Rhein über Jahrhunderte eine natürliche und für die Feinde aus Germanien schwer zu überwindende Grenze war, wurde dieser Brückenkopf durch das Kastell Divitia gesichert. Aus „Divitia" wurde dann später Deutz.

Das gesellschaftliche Leben der Römer hat in Köln und Umgebung sehr viele Spuren hinterlassen, fast schon zu viele, wie manche Archäologen meinen. Egal, wo man in Köln gräbt, sei es zum Bau eines Hauses, einer Tiefgarage oder einer U-Bahn, überall trifft man auf Zeichen einer bewegten Vergangenheit.

So mangelt es dem Römisch-Germanischen Museum, das man um das 1941 ausgegrabene Dionysosmosaik herum gebaut hat, auch nicht an Ausstellungsstücken. Die wertvollsten Exponate sind das Grabmonument des Legionsveteranen Lucius Poblicius, das Kölner Bürger in den 60er Jahren per Zufall nahe dem Chlodwigplatz entdeckt haben, eine Abbildung von Kaiser Augustus und die neuerworbene Marmorbüste der Vipsania Agrippina, der Mutter der Stadtgründerin.

It was beautiful in Cologne these days. Trade as much as cultural life flourished, there were markets, feasts and an Amphitheater. And even back then one lived by the dogma of „Don't moan – let's have a party". In these almost decadent times, water (due to pollution) wasn't taken out of the Rhine, but carried via aqueduct from the „Eifel" to fill fountains and hot springs.

The Roman's social life left many traces in Cologne. Some archaeologists say even too many... Cause no matter where or why (to build houses, underground car parks, a new subway) you start digging, there are signs of that moving past.

The Roman Germanic Museum right next to the Cathedral is worth a visit. Built in 1941 around the spot where mosaic displays of Dionysus where found, it houses lots of precious exhibits from roman times.

De Franke

Nichts währt ewig, auch nicht die Römer in Köln und so begann im 5. Jahrhundert die Herrschaft der Franken. Diese machten sich die vormals intakte römische Infrastruktur zu Nutze.

Bevor man sich allerdings dort so richtig etablieren konnte, verursachte der wilde Hunnenkönig Attila ein übles Intermezzo, das den Kölnern die Legende um die Heilige Ursula bescherte. Die Hunnen, ein kriegerisches Reitervolk aus Zentralasien, waren auf Beutezug in Europa. Angeführt von „Attila" verwüsteten sie ganze Landstriche in Germanien. Um 450 n. Chr. überquerten sie bei Köln den Rhein, um nach Gallien vorzudringen. Zu dieser Zeit weilte die schöne Ursula in der Stadt mit 11 Jungfrauen als Brautgefolge. Attila verliebte sich in die liebreizende Erscheinung und wollte Ursula zur Frau. Als diese ablehnte, erlitt sie mit ihren Jungfrauen den Märtyrertod. Am Ort des Martyriums errichtet man eine Kirche zu Ehren der Heiligen Jungfrauen, die heutige Kirche St. Ursula. Wegen des an dieser Stelle später gefundenen Gräberfeldes wurden in der Legende aus 11 dann schließlich 11000 Jungfrauen.
Der Kölner neigt gelegentlich zu Übertreibungen.
Im Kölner Stadtwappen symbolisieren die 11 Flammen die Jungfrauen der Heiligen Ursula.

Unter der Herrschaft der fränkischen Könige gewann der Klerus immer mehr an Bedeutung. Im Jahr 795 erhob der mächtige Karl der Große die Stadt zum Erzbistum. Die geistige und weltliche Macht erstarkte und Köln gelangte im frühen Mittelalter wieder zu voller wirtschaftlicher Blüte. Die jeweiligen Herrscher, die Kaiser und fürstlichen Bischöfe, verewigten sich mit „Abbildern des Himmels"; es entstand das „Hillije Kölle" mit zahlreichen Klöstern und Kirchen.

The Franconias

Nothing lasts forever and so didn't the Romans in Cologne. In the 5th Century the Franconias took over the power and advantage of the intact roman infrastructure.

Under the regency of franconian kings, the clergy became more and more meaningful. In the year 795, the mighty Karl the Great made the city an archbishopric. The mental and worldly power was concentrated in Cologne and lead the city in the early Middle Ages to economical flourishing.

The rulers, Emperors and princely bishops immortalized themselves by creating monastery and churches. The „Hillige Kölle" was built.

Dat Middelalder

Nachdem im Jahr 1164 die Gebeine der „Heiligen Drei Könige" nach Köln gelangt waren, besuchten zahlreiche Pilger die Stadt. Sie brachten Geld, Geschenke und weiteren Reichtum in diesen bedeutenden Wallfahrtsort.

Manche der frommen Pilger waren auf dem Weg nach Galizien, um in Santiago de Compostella die Reliquien des Heiligen Jakobus zu verehren. Die Reise dorthin war lang, beschwerlich und teuer.
In den Gasthäusern halfen die Pilger als Gelegenheitsarbeiter. Für „Kost und Logis" und ein geringes Entgelt konnten sie Vorräte für die Weiterreise erwirtschaften. Die meisten Pilger kamen aus fremden Ländern, hatten für kölsche Ohren exotische oder unverständliche Namen. Deshalb rief man sie nach „Jakobus" einfach alle „Köbes". *Das war typisch kölsch, praktisch und gut.*

Köln, die mächtige Residenz- und Handelsstadt, musste ihre etwa 40.000 Einwohner im Mittelalter vor Eindringlingen und Überfällen schützen. So begann man im Jahr 1180 mit dem Bau einer Stadtmauer. Es wurde die größte mittelalterliche Stadtbefestigung des damaligen „Heiligen Römischen Reiches Deutscher Nation", die sich wie ein Halbkreis im Verlauf der heutigen „Ringe" um die Bürgerhäuser und Kirchen schloss. Die Befestigungsanlage mit Wällen, Gräben und Mauern, unterbrochen von 12 gewaltigen Torburgen und 52 Wehrtürmen, erreichte insgesamt 8 Kilometer Länge. Es war eine Dokumentation früher kölnischer Großmannssucht. *Me kann zeije, wat mer hätt.*

Erst viele Jahrhunderte später, unter preußischer Herrschaft, musste diese gigantische Einfriedung weichen, weil sich die Bevölkerung immer weiter ausdehnte. Heute erinnern nur noch einige Torburgen, Mauerstücke und Türme an die Hochzeit des Mittelalters.

Ganz im Norden sicherte die Kunibertstorburg den Zugang zur Stadt und zum Rhein. Von dieser Befestigungsanlage steht heute nur noch die kleine „Weckschnapp", der Gefängnisturm. Der Sage nach versuchten die Gefangenen dort einen Wecken (ein kleines Weißbrot) zu schnappen, sprangen danach und stürzten durch eine Falltür in den Rhein. *Vermutlich handelt es sich dabei um eine Geschichte ohne großen Wahrheitsgehalt, denn eine solche Arglist ist dem Kölner fremd.*

Ebenfalls im Norden trutzte die mächtige Eigelsteintorburg, eine Doppeltorburg, die heute noch in den Grundfesten erhalten ist. Das Tor hieß früher Adlerpforte; die Franzosen nannten es „Porte d`Aigle", woraus in Köln „Eigel" bzw. „Eijel" wurde.

Das Relief neben dem Torbogen zeigt den „Kölschen Boor", der nicht nur den Stand der Bauern im alten Reich repräsentiert, sondern auch die Reichsfreiheit, die Reichstreue und die Wehrhaftigkeit der mittelalterlichen Stadt.

Die Inschrift lautet: "Halt fass am Rich do kölsche Boor, loss et nit fall ov söös ov soor".
(Halt fest am Reich, du kölscher Bauer, lass es nicht fallen, ob (die Zeiten) süß oder sauer (gut oder schlecht sein mögen). Der „Kölsche Boor" ist neben Prinz und Jungfrau ein wichtiges Element des Kölner Dreigestirns im Karneval.

Eines der prächtigsten Tore war die Hahnentorburg am heutigen Rudolfplatz, ein nach Westen ausgerichtetes Doppelturmtor. Durch diese Torburg ritten die in Aachen gekrönten Kaiser und Könige in die Stadt, um den Reliquien der Heiligen Drei Könige zu huldigen.

Dort übernahmen später auch die Franzosen – von Westen her anrückend – den Stadtschlüssel, der ihnen kampflos übergeben wurde. Vorausgegangen war ein Schuss aus einer französischen Kanone, der den Kölner Bürgermeister unvermittelt zu den Worten veranlasst haben soll: "Höt dat Scheße op! Seht ihr dann nit, dat he Minsche ston!?" (Hört auf zu schießen! Seht ihr denn nicht, dass hier Menschen stehen!?) Dieser weise Ausspruch hat damals vielen Bürgern das Leben gerettet.

The Middle Ages

In the year 1164 the bones of the „Holy three Kings" found their way to Cologne. From now on, many pilgrims visited the city, brought money and gifts and made Cologne a meaningful pilgrimage, a powerful residence- and trading city.

To protect the 40,000 residents from thieves and robbery, a massive wall was built around the houses and churches. The wall was 8 km long and had 12 massive archways and 52 fortified towers.

Up in the north, the double archway „Eigelsteintorburg" is still well preserved and the relief next to the gate shows the „Kölsche Boor", representing the farmers stand as much as the Empires freedom and loyalty and how well-fortified the city was.

One of the most impressive gates was the „Hahnentorburg". Emperors and Kings entered the city through that archway to pay their tributes to the relics of the „holy three kings". Today the „EhrenGarde" made the archway their headquarter. They remodeled and extended it in 1988 and made it a historical jewel.

Another part of the wall with two fortified towers still remains at the Sachsenring. Remodeled by two well known carnival societies, the „Blaue Funken" set up their headquarter in the „Sachsenturm", while the „Prinzen Garde Köln" use the „Prinzen-Garde-Turm" as theirs. Just a little further, the once smallest gate, functions as the „Rote Funken" headquarter.

Heute residiert in der Hahnentorburg das Traditionskorps der EhrenGarde der Stadt Köln, eine der renommiertesten und ältesten Karnevalsgesellschaften. Die EhrenGarde hat das Gebäude im Jahr 1988 übernommen, renoviert, ausgebaut und zu einem historischen Schmuckstück gemacht.

Am Sachsenring ist ein weiteres Stück der mittelalterlichen Stadtmauer mit zwei Wehrtürmen erhalten, deren Restaurierung ebenfalls zwei renommierten Kölner Karnevalsgesellschaften zu verdanken ist, die dort das Brauchtum pflegen. Der Sachsenturm wurde von den „Blauen Funken" (exakte Bezeichnung: Kölner Funken Artillerie blau-weiß von 1870 e.V.) übernommen. Die „Prinzen-Garde Köln 1906 e.V." hat ihren Prinzen-Garde-Turm mit viel Aufwand instand gesetzt.

Auch die Ulrepforte liegt am Sachsenring. Sie war mit nur 4 Metern Breite das kleinste der landseitig gelegenen Stadttore. In diesem damals nur wenig besiedelten Gebiet übten die „Ulner" (Töpfer) ihren Beruf aus. Das Tor war weitgehend ungenutzt. Nicht einmal eine Straße führte hindurch und so wurde es bereits im 14. Jahrhundert verschlossen. Durch den Anbau eines 23 Meter hohen Mühlenturmes diente die Toranlage fortan als Windmühle. Heute ist die Ulrepforte das Stammquartier der Karnevalsgesellschaft „Kölsche Funke rut-wieß vun 1823 e.V.", die sich in Tradition und Uniform auf die früheren Kölner Stadtsoldaten beziehen.

Im Süden wurde die Stadt von der Severinstorburg begrenzt, einem eindrucksvollen Einzelturm, der im 15. Jahrhundert links und rechts mit kleineren Geschützkammern aus Ziegelmauerwerk ergänzt wurde. Das Bauwerk steht am Anfang der heutigen Severinstraße, die bereits von den Römern als wichtige Verbindungsstraße nach Süden über Bonn und Mainz führend in Richtung Rom angelegt worden war.
In Köln wird die Severinstorburg „Vringspooz" genannt.

In der Mitte zwischen Severinstor und Bayenturm steht ein mittelalterliches Türmchen, die „Bottmüll". Sie war Teil einer großen Verteidigungsplattform (Bott), die später zu einer Windmühle (Müll) umfunktioniert worden war.

Den südlichen Eckpunkt der alten Stadtmauer bildete der Bayenturm. Im zweiten Weltkrieg nahezu vollständig zerstört, wurde er im Rahmen der Entwicklung und Sanierung des Rheinauhafens wieder aufgebaut. Er heißt heute „FrauenMediaTurm", denn er beherbergt das „Feministische Archiv und Dokumentationszentrum", ein wissenschaftlich genutztes Informationszentrum zur Geschichte der Emanzipation.

Innerhalb der gewaltigen Stadtmauern führten die Kölner ein angenehmes Leben. Der Handel florierte. Den Bürgern ging es gut. Die Kirchenfürsten ließen viele Gotteshäuser erbauen.

Man war sehr fromm. Um alles noch besser zu machen und den lieben Gott auf ewig gnädig zu stimmen, fasste man den ehrgeizigen Entschluss eine Kirche zu bauen, die alles bisher Dagewesene überstrahlen sollte. Immerhin waren die Gebeine der Heiligen Drei Könige – ein Geschenk von Kaiser Barbarossa – eine große Attraktion für die Pilger aus der ganzen Welt.

Down south, the impressive tower „Severinstorburg" marked the city`s border. Extended with two smaller protected chambers in the 15th century the building stands at the beginning of today's Severinsstraße, which once was built by the Romans as an important connecting road south via Bonn and Mainz towards Rome.

Further south the „Bayenturm" marked the wall`s corner point. Almost completely destroyed in WW II it was rebuilt in the early 2000s.

Within the massive city walls, the people of Cologne lived a good life. They were very religious and to show that to the world, they decided to build a church, bigger and more beautiful than any other one ever seen. After all the relics of the „Holy Three Kings" were a big attraction for pilgrims from all over the world. So archbishop Konrad von Hochstaden started to build the Cologne Cathedral, which unfortunately remained unfinished for several centuries.

So begab es sich, dass Erzbischof Konrad von Hochstaden im Jahr 1248 den Grundstein zur Erbauung des Kölner Doms legte. Leider blieb dieses Meisterwerk durch die Wirren der Zeit über viele Jahrhunderte unvollendet.

Im Jahr 1259 erkannte Konrad von Hochstaden der Stadt Köln die Stapelrechte zu. Alle durch die Stadt geführten Waren, auch die, die in Köln auf die flacheren Oberrheinschiffe umgeladen werden mussten, wurden dort „gestapelt" und den Kölner Händlern und Bürgern für drei Tage zum Kauf angeboten. Man hatte also ein Vorkaufsrecht.

Der Erwerb der Stapelrechte brachte den internationalen Handel erst so richtig in Schwung. Man verbrachte selbst hergestellte Waren ins In- und Ausland und importierte von dort andere handelsträchtige Dinge. Brüsseler Spitzen, Weine aus Bordeaux, Heringe aus Holland, Pelze aus Russland, alles war im Angebot. Köln wurde zu einem der wichtigsten und größten Handelszentren Europas, später sogar zur Freien Hansestadt.

Schließlich wurde die Machtgier des Klerus für die selbstbewusste Bürgerschaft mehr und mehr zum Problem. Man lehnte sich auf. 1288 kam es zur berühmten Schlacht bei Worringen und die Kölner Bürger vertrieben den Erzbischof als weltlichen Herrn aus der Stadt. Das Erzbistum Köln verlegte seine Residenz danach kurzerhand nach Bonn.

Getreu der Regel „Wat fott es, es fott!", schlossen sich die Handwerker und Kaufleute in Zünfte und Gaffeln zusammen und regierten ihre Stadt selbst. Den offiziellen Status der „Freien Reichsstadt" erhielt Köln allerdings erst viel später im Jahr 1475.

Letzteres war für ein gutes Leben auch nicht unbedingt nötig. Im Jahr 1412 gab es bereits 21 steuerlich erfasste Brauereibetriebe. Dieses Jahr ist verbrieft, da zu diesem Zeitpunkt das erste Kölner Reinheitsgebot für die in der Stadt gebrauten Biere erlassen worden ist. Das Bayrische Reinheitsgebot datiert aus dem Jahr 1516, wurde also erst 100 Jahre später erlassen. Das spricht für sich und für die traditionelle Kölner Bierkultur, auf die später noch einzugehen ist.

Je höher der Berg, desto tiefer das Tal. So folgte nach der Blütezeit des Mittelalters ein derber Niedergang. Die Entdeckung Amerikas eröffnete eine neue Dimension des Welthandels, wodurch die deutsche Hanse nachhaltig geschädigt wurde. Diverse Kriege brachten Zerstörung und Hunger. Der Dombau wurde eingestellt. Korruption und „Klüngel" beherrschten Stadt und Land. Die Welt veränderte sich. Der Absolutismus musste der Aufklärung weichen.

Dann kamen die Franzosen…

In 1259 Konrad von Hochstaden granted Cologne the so called „staple rights". This means that every item that has been carried through the city was stapled for three days and offered to every trader and citizen to buy. These stack rights flourished international trade and made Cologne one of the most important and biggest trade centers of Europe.

But- the higher up, the greater the fall- after the middle ages prosperity went down. The discovery of America let to new dimensions of world trade and damaged the German Hanse. The discovery of America let to new dimensions of world trade and damaged the German Hanse. Several wars brought hunger and destruction. The construction of the cathedral was stopped. Corruption controlled the city and country.

The world changed. Absolutism was displaced by Enlightenment.

Then there came the French.

De Franzuse

Ende des 18. Jahrhunderts – die Fanzösische Revolution war gerade vorbei – zogen Napoleons Truppen in Köln ein. Die Umstände des Eintritts und die Übergabe des Stadtschlüssels wurden bereits erwähnt. Während der relativ kurzen Besatzungszeit von 1794 bis 1814 prägten und veränderten die Franzosen das Leben der Stadt – nicht nur positiv. Die Beschlagnahme und Vernichtung von Kulturgütern und Kunstschätzen, die Schließung diverser Klöster und Kirchen führte zu einem großen kunsthistorischen Desaster. Davon blieb auch der Kölner Dom nicht verschont, der zeitweise als Pferdestall und Warenlager missbraucht wurde.

Andererseits sorgten die französischen Besatzer auch für Sauberkeit, Ordnung und Sicherheit im damals so heruntergekommenen Köln. Sie bescherten der Stadt etwas von ihrer besonderen Lebensqualität, die sich in einer gekonnten Balance zwischen „Laisser-Faire" und „Savoir-Vivre" manifestierte.

Und, wie das in Köln so ist, es wurde kräftig fraternisiert!

Heute zeugen noch zahlreiche in den Dialekt aufgenommene Begriffe von einer französischen Herkunft. Die Damen tragen ein „Korsett" oder auch „Korsettchen" (frz.: le corset). Mit einem „Charmeur" wird „pusseet". Dann sitzt man „vis-à-vis" und „parliert" (frz.: parler) nach Kölscher „Manier". Wenn es regnet nimmt der Kölner den „Paraplü" (frz.: le parapluie), er geht auf dem „Trottewar" (frz.: le trottoir) und trägt sein „Pottemanee" (frz.: le porte-monnaie) bei sich.

Napoleon, der die Stadt im Jahre 1804 besuchte, wurde jubelnd empfangen.
Jubeln, feiern, sich freuen entspricht der Kölschen Mentalität. „Wat wells de maache?"

Außerdem hat die französische Besatzung den Kölner Karneval nachhaltig geprägt, der sich in seiner ursprünglichen Form aus einer Persiflage auf Uniformierung und militärisches Leben entwickelte. So sind die Uniformen der „Kölner-Funken-Artillerie blau-weiß von 1870" der Kleidung von Napoleons Soldaten nachempfunden.

Im Jahr 1814 waren die Preußen auf dem Vormarsch. Napoleon weilte auf der Insel Elba und die Franzosen „warfen die Flinte ins Korn". Dieses Sprichwort stammt aus der Zeit der Söldnertruppen, die für Sold kämpften und nicht für die Sache, also nicht aus Überzeugung. Wenn die Schlacht nicht gewonnen werden konnte, nahmen viele Söldner Reißaus und warfen im Sinne des Wortes die Flinte ins Kornfeld, in dem sie sich selbst auch verstecken konnten.

The French

After the french revolution, Napoleon's troops marched into the city of Cologne. During the short occupation from 1794-1814 the French changed and shaped the city's life – not only in a positive way.

Confiscation and destruction of cultural artifacts and art treasures, closures of monasteries and churches, all this led to a disaster of art history. Even the Cathedral was misused as stable and warehouse at times.

On the other hand the French also brought cleanness, rules and safety into the city. That special french life quality manifested somewhere between „Laisser-Faire" and „Savoir-Vivre".

De Preusse un donoh

Nach den Napoleonischen Kriegen bedurfte Europa einer Neuordnung. So kam es dazu, dass beim Wiener Kongress 1815 das Rheinland einschließlich der Stadt Köln kurzerhand den Preußen zugesprochen wurde. Daran hatten die Bürger schwer zu tragen. Alles war besser als das – Protestanten übernahmen die Macht in einer katholischen Hochburg. Es war ein Glaubenskrieg, ein Kampf der Kulturen. Die Preußen bemühten sich redlich, den Rheinländern eine strengere Lebenskultur nahe zu bringen. Ob das gelungen ist, ist zweifelhaft, denn zu dieser Zeit etablierte sich im Jahr 1823 der erste Karnevalszug, der vielleicht als Großdemonstration gegen den militärischen Drill gesehen werden muss.

Es war eine schwierige Zeit, aber man arrangierte sich. *Et kütt wie et kütt!*

König Friedrich Wilhelm IV. ließ im Jahr 1839 eine Eisenbahnlinie eröffnen, die zunächst nach Aachen führte. Als die Zugverbindungen erweitert wurden, entstand eine Brücke zum rechtsrheinischen Deutz, die sog. Dombrücke, die später als Hohenzollernbrücke neu erbaut wurde. Flankiert wird diese von vier gewaltigen Reiterstandbildern preußischer Könige und deutscher Kaiser als Symbol für die Herrschaft der Hohenzollern am Rhein.

Im Zuge der Industrialisierung entstanden die Schokoladenfabrik Stollwerk, die Zuckerfabrik Pfeiffer und Langen und Nicolaus August Otto gründete die erste Gasmotorenfabrik der Welt.

Krönender Abschluss dieser Periode war ohne Zweifel die Verfügung König Friedrich Wilhelms IV. im Jahr 1842, den Bau des Kölner Doms fortzusetzen. Eine Maßnahme, die unter Kaiser Wilhelm I. im Jahr 1880 vollendet wurde.
Dafür müssen die Kölner den Preußen ewig dankbar sein!

Hatten die Preußen Struktur und Ordnung nach Köln gebracht, so ging es danach wieder bergab – allerdings durch unverschuldete Gesamtumstände.

Nach dem Ersten Weltkrieg wurde die Weimarer Republik ausgerufen. Konrad Adenauer war Bürgermeister. Er strebte nach Höherem, wurde aber durch allgemein herrschende Arbeitslosigkeit und damit verbundene Armut blockiert.

Mit dem Dritten Reich kam eine ganz dunkle Zeit, die die Kölner auf ihre Weise zu meistern versuchten. Aber weder die jungen Edelweißpiraten aus dem Stadtteil Ehrenfeld, die sich gegen das Hitler-Regime auflehnten, noch all die mutigen Widerstandskämpfer konnten eine „Kristallnacht" verhindern. Schließlich wurde Köln im Bombenhagel des Zweiten Weltkriegs völlig zerstört.

Nur der Dom ragte noch aus den Trümmern. Das machte Mut und so fand schon im Februar 1946 im schnell hergerichteten Millowitsch-Theater wieder die erste Karnevalssitzung statt.

The Prussians

After the Napoleonic wars, Europe was reorganized. With the congress of Vienna in 1815, the Rhineland including the city of Cologne was given to the humorless Prussians.

In these difficult but trendsetting times, they tried to teach the easygoing people of Cologne a more strict living culture. In 1839, King Friedrich Wilhelm IV opened a railway line to Aachen. With the extension of train connections, the „Dombrücke", today known and rebuilt as the „Hohenzollernbrücke", was built. The best thing about the Prussian reign -and something the people of Cologne have to be forever grateful for- was the continuation of the Cologne Cathedral, decided by Friedrich Wilhelm IV and completed by Emperor Wilhelm I in 1880.

After WW I, when today's Germany was called out the Weimarer Republic, the mayor of Cologne, Konrad Adenauer, had to fight against poverty and unemployment.

With WW II even darker times raised and Cologne was completely destroyed by bombs. Except for the Cologne Cathedral – a symbol of hope.

Kölle, wie et es

Köln ist eine faszinierende multikulturelle Metropole, die mehr zu bieten hat als Kirchen, Kölsch und Karneval. Als Medien- und Messestadt ist Colonia vollkommen weltoffen, außerdem als Kulturstadt den schönen Künsten zugetan. Die Industrie hat einen perfekten Standort mit hervorragenden Verkehrsanbindungen an Autobahnkreuze im Norden, Westen und Süden. Der großzügig ausgebaute Köln Bonn Airport gewährleistet ein Abfertigungsvolumen für zwölf Millionen Passagiere jährlich und ist Drehkreuz für Europas große Frachtunternehmen.

Die städtebauliche Entwicklung strebt nach Höherem. Mit dem Ausbau des Hafenviertels ist ein architektonisches Meisterwerk gelungen. Eine U-Bahn verbindet das Stadtzentrum mit dem Kölner Süden, ein neues Schauspielhaus muss her, die Oper wird saniert und auf der rechten Rheinseite sind außergewöhnliche Um- und Neugestaltungen vorgenommen worden.

Natürlich herrscht hier – wie in jeder Großstadt – eine gewisse nüchterne Geschäftsmäßigkeit. Und doch: Köln ist anders. Man hat sich hier eine ganz eigene Lebensart bewahrt, voller Herzenswärme und Gemütlichkeit. Unzählige Restaurants und Brauhäuser sind über die Stadt verteilt. Im Sommer sitzen die Menschen draußen unter großen Schirmen und erzählen miteinander. *Der Kölner redet extrem gern und viel!* Dann kommt einem das Ambiente eher südländisch vor. Im Winter, wenn das warme Licht aus den Gasthäusern nach draußen scheint, wirken die Altstadtgassen richtig heimelig und man fühlt sich seltsam angezogen von der trauten Atmosphäre.
„Kölle, do bes e Jeföhl."

Es gibt Umzüge, Demonstrationen, Prozessionen und Paraden und es gibt die „Kölner Lichter", dieses gigantische Feuerwerk mit Musik, das jährlich Köln bei Nacht in ein Farbenmeer verwandelt und mehr als eine Million Besucher anzieht.

Man trifft sich auf Festivals, Märkten und Straßenfesten, bei Theaternächten oder Brauhaustouren. Es gibt immer einen Grund zum Reden, zum Feiern und zum Schunkeln.

Geschunkelt wird hier zu jeder Jahreszeit, denn diese tänzerische Links-Rechts-Bewegung zur Melodie eines Vierviertakt-Liedes (Text egal), mit gleichzeitigem Unterfassen des Nebenmannes (ganz wichtig), ist offenbar in den Genen eines jeden Kölners verankert. Es ist Ausdruck einer ganz besonderen Lebensfreude. Auch Diskrepanzen oder Aversionen werden in Köln ausgeschunkelt. Dat is janz normal!

Cologne as it is

Cologne is a fascinating multicultural metropolis, offering way more than only churches, Kölsch and carnival.
Being a media and exhibition center, Cologne is cosmopolitan.
The industry has a perfect location with excellent transport links to interchanges towards north, west and south.
The Cologne-Bonn Airport transports about 12 million passengers every year and is an important
turnstile for Europes biggest freight companies.

The urban planning progress goes on and on...
The extension of the port quarter is an architectural masterpiece, a new theater is in the
making, the opera house is being renovated and on the right side of the Rhine extraordinary
remodelings and redesigns are partly made and in the future planning.

As in every big city, there's a certain rational businesslike vibe. But Cologne
is different. It has its own art of living, full of warmth and friendliness.
There are countless restaurants and breweries all over the city.
In the summertime people sit outside and talk, it is almost
a mediterranean flair...

In the wintertime on the
other hand, warm lights
shine through the
pubwindows and the little
alleys appear homelike
and spread a magical
atmosphere.

Mutter Colonia hat ein großes Herz! Die Multi-Kulti-Stadt Köln ist die Lieblingsstadt der Lesben und Schwulen in Europa. Zum Christopher Street Day feiern hunderttausende Menschen sehr ausgelassen und manchmal auch nur leicht bekleidet. Sie verkünden damit die Botschaft von persönlicher Freiheit und Toleranz. In den zahlreichen Szenetreffs findet jeder, was er sucht: Kultur oder Genuss, Comedy oder Kölsche Carmen. *Jeder Jeck es anders!*

Die Metropole am Rhein kann mit vielen Superlativen aufwarten. Sie ist Kulturhauptstadt, Touristenmagnet und Zentrum der Medien.

Zahlreiche Musentempel laden zum Verweilen ein; Oper, Theater, Museen und Kunstmessen bieten Eintritt in die Welt hinter den Welten. Die Musikszene pflegt eine eigene Konzerthallenlandschaft: Lanxess-Arena, Palladium, E-Werk, Gloria, Wartesaal, Life-Music-Hall, Underground, Luxor, Essigfabrik und viele mehr. Hier ist alles im Angebot von Klassik über Pop/Rock bis Elektro.

Der Kölner Dom zieht alljährlich mehr als 6 Millionen Besucher an und ist damit die meistbesuchte Sehenswürdigkeit in Deutschland.

Bedeutende Verlage, zahlreiche Rundfunkanstalten und die großen Fernsehsender, alle gehen in Köln „auf Sendung". Im Westen der Stadt haben sich ganze Studioviertel wie Satellitenstädte entwickelt. Dort werden Spielfilme gedreht, Serien und Comedy-Shows produziert. Beliebte Quizsendungen kämpfen mit angehenden Superstars um Einschaltquoten. Über alldem erhebt sich mit 266 Metern Höhe lässig der Kölner Fernsehturm, der liebevoll „Colonius" genannt wird.

Sport ist hier nicht Mord, sondern Fairplay und hartes Business. Die Eishockeyfans lieben ihre Haie, der Fanclub der „Flying Flönz" (Fliegende Blutwurst) unterstützt die Basketballer, nur der Fußball, ja, der Fußball...
Nach den Regeln „Et hät noch immer jot jejange." halten natürlich alle zum 1. FC-Köln.

So ist der Kölner. Er liebt seine Stadt. Man kann ihn schon fast als kölntrunken bezeichnen. Er sammelt, kauft und hütet alles, was damit zu tun hat. Kein schlechtes Wort kommt ihm diesbezüglich über die Lippen. Höchstens Kritik, aber das ist etwas anderes. Er liebt den Kölschen Klüngel, dieses gedeihliche Miteinander, das ohne jede geldwerte Zuwendung auskommt und doch so viele Vorteile birgt. Er mag seine Gegend, sein „Veedel" und die Menschen, die da wohnen. Er liebt seine Sprache. Immerhin gibt es hier eine „Akademie för uns kölsche Sproch". Man liest aus dem „Kölschen Jebett- un Jesangbooch", verwendet ein „Kölsches Schimpfwörterbuch" und die Speisekarte nennt sich „Fooderkaat". Und dann gibt es noch den Karneval. Aber das ist ein besonderes Kapitel!

Der Kölner ist fröhlich, großzügig und im Grunde seines Herzens immer gutmütig. Er ist eben einzigartig – wie seine Stadt. Köln ist ein Gesamtkunstwerk!

Cologne has a big heart. It's Europes most favorite city for gay people. Hundred thousands celebrate the message of personal freedom and tolerance with the "Christopher Street Day" every year.

Cologne is a city of superlatives. It's Capital of Culture, tourist magnet and center of the media. The opera, theaters, museums and art fairs show the world beyond the worlds. More than 6 million visitors come to see the majestic Cologne Cathedral every year and make it Germany`s most visited showplace.

Cologne is unique. The Rhine, the Cologne Cathedral, the people, the atmosphere, the history, the dialect, the music, the vibes, the diversity of culture, the carnival – this mixture is very special. Everyone in Cologne loves his city. They love the feeling of being part of the whole. Cologne is a total work of art. The people of Cologne are cheerful, generous, and deep inside always sweet-tempered. They are unique, just as the city itself.

Dä Dom

Die Hohe Domkirche St. Petrus ist das Herzstück von Köln.
Mit machtvollem Glanz prägt der Dom das gesamte Stadtbild. Als weltbekanntes Wahrzeichen und Weltkulturerbe ist dieses Meisterwerk der gotischen Baukunst die populärste Sehenswürdigkeit Deutschlands und außerdem immer noch eines der größten sakralen Bauwerke der Erde.

Die Ansicht vom Domvorplatz aus ist einfach nur gewaltig.

Die äußere Fassade beeindruckt jeden Betrachter, gleich welcher Religion. Der Mensch fühlt sich klein und unbedeutend in Anbetracht dieser Mächtigkeit. Die Türme streben aus einer filigranen Konstruktion heraus bis zu 157 Metern zum Himmel. Den kleinen Höhenunterschied von 7 cm zwischen den Türmen, man sieht ihn nicht.

Die Architektur ist streng gotisch. Das ist nicht selbstverständlich, denn der Bau wurde im Jahr 1248 begonnen und nach einem längeren Baustopp von mehreren Jahrhunderten erst im Jahr 1880 vollendet. Und das wäre beinahe schiefgegangen.

Der Dombau war ein sehr ehrgeiziges Vorhaben, das man im damals reichen Köln realisieren wollte. Doch dann entfachte Martin Luther die Reformation und die Pilgerströme blieben aus. Auch der Handel florierte nicht mehr. Plötzlich war kein Geld mehr da und so wurde der Kirchenbau im 16. Jahrhundert eingestellt.

Es kam noch schlimmer. Zu dieser Zeit war Gebhard Truchsess von Waldburg allgewaltiger Kurfürst und Erzbischof von Köln. Dieser verliebte sich in eine Stiftsdame, konvertierte zum Protestantismus und verlangte eben dies nun auch von seinen Untertanen. Und – fast hätte er es geschafft. 1583 wurde er vom Papst *quasi* in letzter Minute exkommuniziert und im Kölnischen Krieg dann endgültig vertrieben. Wäre diese Geschichte anders ausgegangen, dann hätte man den Dom vermutlich nie vollendet...

Große Fenster beherrschen die Fassade der Kirche, reich geschmückt mit Rosetten und Kreuzblumen. Das Bild wird von unzähligen Streben und Pfeilern bestimmt. Im unteren Bereich zieren zahlreiche Skulpturen und Figuren die Bogenläufe und Säulen.

Ebenso faszinierend ist die Innenansicht. Jeder Besucher hebt den Kopf und blickt in die steile Wölbung des Mittelschiffes. Oben im Langhaus klebt die neue zweite Orgel wie ein Schwalbennest. Spitzbögen werden gerahmt von geraden, klaren Linien.

Warmes Licht fällt durch die bunten Scheiben der großen Glasbaufenster aus verschiedenen Epochen, die zumeist biblische Themen darstellen. Nicht so das neue moderne Fenster, gestaltet von dem bekannten Künstler Gerhard Richter im Jahr 2008. Die Anordnung der Scheiben und Farben erinnern an eine Digitalisierung, was in Köln sehr stark diskutiert wurde und auch bei einigen Kirchenoberen Kritik auslöste. Doch diese Meinungsverschiedenheit wurde nach Kölscher Manier ausgeschunkelt. Der Künstler, der nach eigener Aussage Atheist ist, erhielt noch im selben Jahr die Ehrenbürgerwürde.

Die Gebeine der Heiligen Drei Könige ruhen im wertvollen Dreikönigsschrein, einem profunden Meisterwerk aus Gold, Silber und Edelsteinen. Das Material für diese filigrane Goldschmiedearbeit stiftete Kaiser Otto IV., der sich bei der Darstellung der „Anbetung Marias" als „vierter König" auf dem Schrein abbilden ließ.

Der Kölner Dom beherbergt unzählige Kunstschätze: alte Gemälde, Marmorarbeiten, Schnitzereien, Monstranzen, Kreuze und Kelche. Die Aufzählung und Beschreibung füllt ganze Kunstbände. Für Interessierte hält die Domschatzkammer in den unterirdischen Gewölben viele wertvolle Devotionalien bereit.

Dem aufmerksamen Betrachter erschließt sich vielleicht auch der Narr, der mit nachdenklicher Miene im Chorgestühl sitzt (natürlich aus Holz geschnitzt) und über die Kunst der Kölschen Lebensart zu sinnieren scheint.

Wer einigermaßen schwindelfrei ist, der kann über 509 Stufen den Südturm besteigen, um von dort einen atemberaubenden Blick zu genießen. „Die Aussicht op d´r Dom" hat man in Köln überall, aber die Aussicht „vum Dom" über Alter Markt, den Rhein bis hin zum Siebengebirge, die ist einmalig.

Es geht aber nicht nur hoch hinauf, sondern auch tief hinunter. Unter dem Kölner Dom finden seit geraumer Zeit Ausgrabungen statt, die nun der Öffentlichkeit gezeigt werden können. Dort wird die Geschichte lebendig, denn die Kirche wurde auf den Fundamenten des „Alten Doms" errichtet, einer romanischen Kathedrale, die im 9. Jahrhundert auf Veranlassung von Erzbischof Hildebold erbaut worden war.

Darunter kommen die Grundmauern diverser Vorgängerkirchen zum Vorschein. Außerdem lernt der Besucher anhand der Fundamente etwas über die solide Bauweise des Mittelalters. Im Kölner Dom sind 290.000 Tonnen Steine verbaut, davon 130.000 Tonnen in den Fundamenten. Das gibt diesem Gebäude die außergewöhnliche Erdbebensicherheit bis zur Stärke zehn.
Dat es einmalig!

Der Südturm beherbergt auch das Hauptgeläut. Die berühmteste Glocke, die in Köln „D´r decke Pitter" genannt wird, wiegt 24 Tonnen und gilt als größte freischwingende Glocke der Welt.

An der Südseite bewacht ein kleiner goldener Bischof den sog. Papsteingang, der nur geöffnet wird, wenn das Oberhaupt der katholischen Christen die Kathedrale betritt. Das geschah zuletzt anlässlich des Weltjugendtages im Sommer 2005, als Papst Benedikt XVI. dort die Messe hielt.

In der Dombauhütte, die sich auf dieser Seite anschließt, wird gemeißelt, geschmiedet und restauriert, um das ehrwürdige Bauwerk mit fortlaufenden Renovierungsarbeiten instand zu halten. Mit der Pflege und Erhaltung sind mehr als 60 Steinmetze und Bildhauer rund ums Jahr beschäftigt. Sie werden vom Zentral-Dombau-Verein unterstützt, der bereits 1842 gegründet worden ist.

The Cologne Cathedral

The Cathedral is the centerpiece of the city and characterizes the townscape. As a world-famous landmark and world cultural heritage, this masterpiece of Gothic architecture is Germany's most popular tourist attraction and still one of the world's biggest holy buildings.

The outer front impresses everyone, despite their religion. Looking at this mightiness makes you feel small and unimportant as a human being.

Its architecture is strictly Gothic which is not taken for granted despite the fact that its construction was started in 1248 but with a building freeze of several centuries only finished in 1880.

The Cologne Cathedral houses a vast number of art treasures: old paintings, marble work, carvings, roods and chalices. The most impressive one is a precious shrine made of gold, silver and gemstones created to accomodate the bones of the Three Kings.

The ones not afraid of heights, can climb up 509 steps in the south tower and enjoy a breathtaking view over the city.

The south tower houses the main bell, it weighs 24 tons and is the biggest free running bell in the world.

In the cathedral's own workshop, more than 60 stonemasons and carver work year-round to keep the cathedral in good condition.

De Aldstadt – ene Spazierjang

Der Kölner Dom ist das Zentrum der Stadt und für den Kölner auch der Mittelpunkt der Erde. Er steht am **Roncalliplatz**, so benannt nach dem bürgerlichen Namen von Papst Johannes XXIII. *Wie könnte es im katholischen Köln auch anders sein?* Von dort aus geht man entlang der Dombauhütte am **Römisch-Germanischen Museum** vorbei, natürlich nicht ohne einen Blick auf das Dionysosmosaik zu werfen, das durch die Glasscheiben besichtigt werden kann.

Auf dem Weg liegt das **Museum Ludwig**. Es zeigt moderne, zeitgenössische Kunst und für die Liebhaber von Pop-Art und Picasso ist der Besuch ein Muss.

Von dort gelangt man auf den **Heinrich-Böll-Platz** und damit auf das kreisförmige Dach der **Kölner Philharmonie**. Dieses Konzertgebäude verfügt über eine außergewöhnliche Architektur. Der unterirdisch gelegene Innenraum erinnert an ein antikes Amphitheater. Die Bühne, der tiefste Punkt, wird von aufsteigenden Sitzreihen umschlossen, die 2000 Zuschauern Platz bieten. Über der Orchestra erhebt sich in der Decke eine Lichtkrone, die sich nach außen in Form eines Kreiselementes fortsetzt.

Die Kölner Philharmonie ist ein Konzerthaus von internationalem Rang. Das Programm ist sehr vielseitig. Das Gürzenich-Orchester und das Rundfunk-Sinfonie-Orchester des WDR decken den klassischen Bereich ab; daneben gibt es Kammermusik, Jazzsessions, Folk- und Popkonzerte und natürlich Kölsch-Rock.

Als Tipp: Donnerstags ab 12.30 Uhr ist Probe. Der Eintritt ist dann frei!

Vom Heinrich-Böll-Platz steigt man die Treppen zum Rhein hinunter und genießt das sich bietende Panorama über das Grün des Rheingartens: die Hohenzollernbrücke flankiert von Reiterstandbildern und geschmückt mit tausenden Liebesschlössern, gegenüber, auf der „Schäl Sick" der neu angelegte Rheinboulevard und die Altstadt mit den urigen Häuschen.
Der Betrachter fühlt sich einfach magisch angezogen.

Wie schön liegt der „Vater Rhein" wieder in seinem Bett,
wälzt sich langsam und träge Richtung Norden.
An seinem Ufer wartet die „Weiße Flotte"
auf Schiffstouristen.

Von hier aus erstreckt sich das **Martinsviertel**,
wie dieser Teil der Altstadt genannt wird,
bis zum Alter Markt. Es wird dominiert von
der romanischen Kirche **Groß St. Martin**,
die auf einer früheren Rheininsel ursprünglich
als Klosterkirche erbaut worden war.
Über viele Jahrhunderte war der gewaltige
Vierungsturm mit dem unvollendeten
Dom Wahrzeichen der Stadt. Dieses Panorama
hat sich in den letzten Jahren durch die
Neugestaltung des Hafenviertels stark verändert.

The Old Town
A walk

The Cologne Cathedral is the center
of the city and for the people in
Cologne somehow the center of the
world. That's where we start that
walk through the Old Town.

Pass the cathedral's workshop to
the left, and the "Roman-Germanic-
Museum" to the right and don't
forget to take a look at the
Dionysos-Mosaic displayed
in the windows.

On the way you cross
the "Museum Ludwig".
It's a museum for modern,
contemporary art and if you
love anything from "Pop-Art"
to Picasso... You have to take
a closer look!

Im **Martinsviertel** schlägt das Herz von Köln. Hier ist die rheinische Gemütlichkeit zu Hause. Die Namen der kleinen Gässchen und Plätze drücken Geschichte aus: Fischmarkt, Salzgasse, Buttermarkt, Eisenmarkt. Zahlreiche Restaurants, Weinhäuser und urige Kneipen verstecken sich hinter historischen Fassaden von Patrizier- oder Handwerkshäusern. Der hektische Massentourismus hat keine Chance. In diesem Viertel leben viele Kölner und die, die es gerne sein möchten, also überzeugte Wahlkölner. Auch Besucher werden herzlich aufgenommen und ad hoc integriert, denn die Kölner sind weltoffen, lebenslustig und kontaktfreudig.
Das hatten wir schon, aber man muss es immer wieder sagen.

Hier zelebriert man die Kunst der Kölschen Lebensart.

Tipp: Besuchen Sie die Galerie zur Kölschen Lebensart in der Salzgasse. Dort finden sie die schönsten Bilder von Köln.

Durch die schmalen Gassen spaziert man zum **Alter Markt**. Dieser ehemalige Marktflecken strahlt Gelassenheit aus. Hier trifft man sich, hier kehrt man ein. Ein kurzes Päuschen von den Mühen des Tages, ein Kölsch, ein Röggelchen (kleines Roggenbrötchen) – und die Welt ist in Ordnung.

Zur Römerzeit war die heutige Fläche des Alter Marktes ein Teil des Hafens. Im Mittelalter war es der Mittelpunkt des ökonomischen und kulturellen Lebens.

Hier wurden die Waren der Handwerker verkauft, frisches Obst und Gemüse feilgeboten, Turniere veranstaltet und Feste gefeiert. Beim Wiederaufbau nach dem Zweiten Weltkrieg hat man versucht, diesen ursprünglichen Marktcharakter mit schmalen spitzgiebeligen Häusern zu erhalten.

In der närrischen Zeit ist der Alter Markt der Ausgangspunkt des Straßenkarnevals, der traditionell am „Elften im Elften" eines jeden Jahres eröffnet wird. Zur Weihnachtszeit drängen sich Holzhäuschen aneinander, geschmückt mit Tannengrün und Christbaumschmuck. Dann duftet es nach Plätzchen, Glühwein und Gemütlichkeit.

Further on, you reach the "Heinrich-Böll-Square" and - believe it or not - you are standing on the circular roof of Colognes philharmonic hall. An underground concert hall built after the example of an antique amphitheatre. Clue: Rehearsals are on Thursdays at 12:30pm with free entry.

Now take the steps down towards the River Rhine and enjoy the panorama. To the left: the "Hohenzollernbridge" with equestrian statues on both sides and thousands of love-locks all over the railings. On the other side: the new Rhine boulevard. To the right: the Old Town with all those quaint houses. It's magic!

You can walk along the River Rhine or what about a little boat cruise with the "white fleet"?

Walking further brings you to the "Martinsviertel" in the Old Town. The most significant building is the church "Groß St. Martin". The "Martinsviertel" is where Cologne`s heart beats. You can almost feel the history due to the street names „Fish market", „Salt alley", „Butter market", „Iron market" and the coziness is just one of a kind.

You can find a range of restaurants, wine bars and quaint pubs hidden behind historical fronts and craft houses. Here's no room for hectic mass tourism, this is where the people of Cologne live.

Mitten auf dem Alter Markt steht der **Jan-von-Werth-Brunnen**, der an die Geschichte des berühmten Reitergenerals aus dem 17. Jahrhundert erinnert. Als junger Knecht (im damals schon existierenden Gestüt Schlenderhahn) war Jan verliebt in die schöne Magd Griet. Diese verschmähte ihn jedoch, weil sie auf „eine bessere Partie" hoffte. Also zog Jan mit den Soldaten in den Krieg. Er kehrte nach Jahren als berühmter Reitergeneral zurück. Nun war es Griet, die ihn gerne gehabt hätte; aber sie war ihm nun nicht mehr gut genug.

Bemerkenswert ist auch der **„Kallendresser"**, die kleine Skulptur am Giebel eines Alter-Markt-Häuschens, die dem Betrachter das blanke Hinterteil zeigt. Damit wurde seinerzeit die „Wertschätzung" der Bürger gegenüber den „Hohen Herren" zum Ausdruck gebracht.

Ob das auch für die **Grinköpfe** gilt, die über einigen Hauseingängen in der Kölner Altstadt aus den Fassaden grinsen, ist zweifelhaft. Die kleinen grotesken Steinfratzen waren vielleicht eher dazu gedacht Böses fernzuhalten. In jedem Fall konnte man praktischerweise Seile an den Eckzähnen der aufgerissenen Münder arretieren und damit Lasten heben.

Vom Alter Markt führt ein kleines Gässchen zum **Ostermannplatz.** Ein wunderschön gearbeiteter Brunnen träumt malerisch unter alten Bäumen und erinnert an den Kölner Komponisten Willi Ostermann.

» OCH WAT WOR DAT FRÖHER

Clue: Take a look at the most beautiful paintings in the Gallery „The Cologne way of life", located at "Salzgasse"(Salt alley).

Through narrow alleys you reach the "Alter Markt" (Old Market), a former marketplace with numerous cafes and taverns.

In roman times it was part of the harbour, in the Middle Ages it was the center of economical and cultural life. Craftsmen sold their goods, fresh fruits and vegetables were offered, tournaments and celebrations took place. After WWII it took a lot of effort to rebuilt this characteristic look.

The Old Market is also the starting point of the street carnival and houses a wonderful christmas market during winter.

Just another narrow alley away is the "Ostermann-Square" where a beautiful fountain was built to remember the famous composer and folk singer Willi Ostermann.

Near by you find the "Hänneschen Theatre", a traditional puppet theatre from 1802. The puppets including "Hänneschen", "Bärbelchen", "Tünnes", "Schäl" and others, caricature the social and political events in Cologne dialect. It's very popular and almost always sold out.

The "Heumarkt" (Hey Market), south to the Old Market, remembers the rule of the Prussians with another huge equestrian statue: Friedrich Wilhelm III.

Next stop: "Gürzenich". A historical festival hall built in the middle of the 15th century. Almost completely destroyed during WWII it was rebuilt and one included the ruins of the adjacent church "St. Alban" to remember the victims of the war. In former times and today, the Gürzenich was and is the showplace of important cultural events.

CHÖN DOCH EN COLONIA «

Das ehrwürdige **Hänneschen-Theater** ist ein traditionsreiches Stockpuppentheater aus dem Jahr 1802. Die ersten Puppen waren „Hänneschen", seine Verlobte „Bärbelchen", deren Vater „Tünnes" sowie eine komplette bäuerliche Sippschaft, die das Leben des Vorortes Knollendorf anschaulich, lustig, aber auch kritisch auf die Bühne brachten. Später wurde die Figur des „Schäl" geschaffen, der als eleganter Städter ein bisschen „schräg" daher kam und einen flotten Kontrast zu den ländlichen Typen darstellte.

Das Hänneschen-Theater ist eine Attraktion der Kölschen Mundartkultur mit Intendanz, Fanclub und Förderverein. Die Figuren karikieren das gesellschaftliche und politische Stadtgeschehen.

Im Karneval wird der kleine stotternde „Speimanes" zur zentralen Figur. Als Literat der Puppensitzungen, die sich als Parodien auf die Prunksitzungen verstehen, verteidigt er wehrhaft den Sitzungsorden – „die Woosch". Das ist eine Blutwurst, in Köln auch „Flöns" genannt. Sie wird allen Vortragskünstlern verliehen, aber Speimanes jagt sie den Beschenkten hinter der Bühne regelmäßig wieder ab und präsentiert sie unter lautem Beifall mit: „Här P-p-präsident, die Woosch!"

In der Nähe von Groß St. Martin hat man den Kölner Nationalhelden **„Tünnes und Schäl"** ein Denkmal gesetzt. Die Nase von „Tünnes" ist schon ganz blank, denn es soll Glück bringen daran zu reiben.

From the "Gürzenich" you walk straight towards the "Rathausplatz" (Town hall Square) to the archaeological quarter. Around and under the town hall, digging exposed old roman colonies and the medieval Jewish quarter. Ancient treasures and monuments show the archaeological past of two millenniums.
The historical town hall was built on the ruins of the roman governors palace and was named as the "house of citizen" for the first time in documents of the year 1135. The tower next to it, built in the 15th century was used as a wine cellar, senate hall, archive and armory. It houses 48 bells made of bronze that ring every three hours.

The next stop is the "Wallraf-Richartz Museum & Fondation Corboud.
There you find a notable collection of European paintings from the middle age to the 20th century.

Though narrow alleys you get back to the "Roncalliplatz", home of the Cologne Cathedral.

Auf dem **Heumarkt**, der sich im Süden an den Alter Markt anschließt, wird mit einem kolossalen Reiterdenkmal von Friedrich Wilhelm III. an die Preußenherrschaft erinnert. Das übergroße Standbild ist heute ein beliebter Punkt für Verabredungen. Man trifft sich „am Stätz" des Pferdes.

Der Weg führt vorbei am **Gürzenich**, dem historischen Kölner Festhaus. Mitte des 15. Jahrhunderts im spätgotischen Stil erbaut, war der Gürzenich ein Haus für große Feierlichkeiten. Im prunkvollen Ballsaal spielte sich das hochherrschaftliche und gesellschaftliche Leben der Stadt ab. Man zelebrierte Empfänge, Feste und Krönungsfeiern; Gerichtstage wurden abgehalten und Verträge unterzeichnet. Heute bietet das stilvoll renovierte Gebäude wieder einen repräsentativen Rahmen für Ausstellungen, Kongresse und kulturelle Veranstaltungen aller Art.

Im Zweiten Weltkrieg wurde der Gürzenich nahezu vollständig zerstört. Im Rahmen des Wiederaufbaus hat man die Ruine der angrenzenden Kirche **St. Alban** als Mahnmal für alle Opfer des Krieges in einem Anbau integriert.

Von dort geht es weiter Richtung Rathausplatz zum archäologischen Quartier. Rings um das alte Rathaus und auch darunter wurde gegraben, denn Köln ist eine Stadt mit großer und geschichtsträchtiger Vergangenheit. Freigelegt und der Öffentlichkeit zugänglich gemacht wurden römische Siedlungen und das mittelalterliche jüdische Viertel. Den Besucher erwarten antike Schätze und Monumente, die Zeugnis über die archäologische Vergangenheit aus zwei Jahrtausenden ablegen. Als neues Kulturprojekt wird an dieser Stelle das Jüdische Museum „MiQua" integriert.

Das **Historische Rathaus** wurde auf den Resten des römischen Statthalterpalastes erbaut. Es ist bereits in einem Dokument aus dem Jahre 1135 als „Haus der Bürger" erwähnt. Daneben zeugt der Rathausturm von der Herrschaft der mächtigen Zünfte, die den Turm mit seiner streng gotischen Fassade im 15. Jahrhundert errichten ließen. Er diente als Weinkeller, Senatssaal, Archiv und Waffenkammer. Nach dem Zweiten Weltkrieg wurde der Turm mit 124 Steinfiguren berühmter Persönlichkeiten aus der Kölner Stadtgeschichte verziert. Unter der Turmuhr streckt der **„Platzjabbeck"**, eine mittelalterliche „Groteskfigur", zu jeder vollen Stunde die Zunge heraus, um die Kölner zu verulken.

Der Rathausturm birgt übrigens ein „schweres" Geläut bestehend aus 48 bronzenen Glocken, die alle drei Stunden erschallen.

Im 16. Jahrhundert entstand die ansprechende Rathaus-Laube im Stil der Renaissance. Von ihrer Kanzel aus wurden die Beschlüsse des Rates den Kölner Bürgern verkündet.

In unmittelbarer Nähe gelangt man zum Gebäude des
Wallraf-Richartz Museum & Fondation Corboud. Es beinhaltet
eine bedeutende Sammlung europäischer Malerei vom Mittelalter
bis zum 20. Jahrhundert.

Durch schmale Gassen kommt man zurück zum Roncalliplatz und
damit zum Kölner Dom.
In Köln kann man sich nicht verlaufen, denn alle Wege führen zum Dom.

Vor dem Brauhaus Früh plätschert der **Heinzelmännchenbrunnen**,
der daran erinnert, wie es war, als diese kleinen Gesellen in der Stadt
beschäftigt waren. In der Nacht, wenn alles schlief, kamen sie aus
ihrem Versteck. Sie wuschen und backten; sie schrubbten und
nähten und am nächsten Morgen war alle Arbeit getan.
Zunächst wunderten sich die Kölner, aber sehr schnell
gewöhnten sie sich an diesen paradiesischen Zustand.
Sie freuten sich und ließen es sich gut gehen.
Doch zu neugierig war des Schneiders „Weib".
Eines Abends streute sie voller Hinterlist Erbsen
auf die Treppe und wartete.
Als die Heinzelmännchen kamen,
glitten sie auf den Erbsen aus und
purzelten die Treppe hinunter.
Nach dieser Schmach verließen
sie die Stadt und wurden
nie mehr gesehen. *Wat fott es, es fott.*

Kein Besuch in der Altstadt ohne **Kölsch**...

Kölsch ist viel mehr als nur ein Bier. Es ist die Krone der Biere und Köln ist das Zentrum der Braukunst.

Der Leser möge diesen Absolutismus verzeihen, aber der Kölner kann da keine Zugeständnisse machen. Kölsch ist hier Nationalgetränk, Heilmittel, Freund und auch Helfer in der Not. Man könnte ganze Bücher darüber schreiben!

You can't visit the Old Town without having a „Kölsch"

Kölsch is so much more than just a beer. It is the crown of beers and Cologne is the center of the art of brewing. At least 30 different styles of Kölsch are known to be brewed here. But be aware! Only when finished in Cologne or its greater area, it's allowed to be called a Kölsch!

It is top-fermented, light and smooth. The only ingredients are hop, malt and water. Nothing else! It is served in small 0.2litre glasses and in the breweries served by the so-called Köbes who brings you a new one as soon as you finished the last without even asking for it.

In dieser Stadt gibt es weltweit die meisten Brauereien, die in traditionsreicher Art derzeit noch ca. 30 unterschiedliche Sorten brauen. Allerdings darf ein Bier nach der entsprechenden Konvention nur dann „Kölsch" heißen, wenn es in Köln und Umgebung gebraut worden ist.

Kölsch ist hell und obergärig, leicht und süffig, bestehend aus den Zutaten Hopfen, Malz und Wasser, sonst nichts. Während der Gärung steigt die Hefe an die Oberfläche – deshalb heißt es „obergärig".

Man trinkt dieses leckere Gebräu aus sogenannten Stangen, also aus schmalen zylindrischen Gläsern mit einem Fassungsvermögen von nur 0,2 Litern. In den Brauhäusern wird Kölsch traditionell vom „Köbes" serviert, der in Windeseile ein neues Glas aus seinem Bierkranz zaubert und ungefragt hinstellt, sobald man ausgetrunken hat. Die Anzahl der Bierchen vermerkt er mit einem Strich auf dem Bierdeckel. Gruppen können ein „Pittermännchen" bestellen. Dann wird ein kleines Fässchen mit 10 Litern Inhalt auf den Tisch gestellt und jeder kann selber zapfen.

In Köln kann man überall einkehren. Unzählige Kneipen und Gaststätten laden den Besucher ein, in uriger Atmosphäre ein frisch gezapftes Kölsch zu genießen. Doch Vorsicht: die Verkostung diverser Bierchen bedarf einer gewissen Trinkfestigkeit und ist deshalb für Ungeübte nur bedingt geeignet.

Wat kanns de maache in Kölle?

Köln hat dem Besucher vieles zu bieten: Museen, Kirchen, Theater, die Oper, Parks und unzählige Geschäfte. Für jeden ist etwas dabei und es wäre vermessen, auch nur den Versuch einer umfassenden Aufstellung vornehmen zu wollen. Dennoch soll der Leser einige Informationen erhalten, die er dann nach eigenen Prioritäten sortieren mag.

Shopping lohnt sich. In den verkehrsberuhigten großen Einkaufsstraßen „Hohe Straße" und „Schildergasse" haben sich neben edlen Schuhgeschäften und Modehäusern auch viele Ladenketten etabliert. Rund um den Neumarkt locken die großen Kaufhäuser und Passagen mit vielfältigen Angeboten. Von dort kann man durch die kleinen Gassen bis hin zu den Ringen flanieren und auch weiter durch die Viertel. Hier pulsiert das Kölner Einkaufsleben. Individuelles und Ausgefallenes ist in kleinen Geschäften dekoriert: Designerlabel neben Karnevalsmützen, frische Blumengestecke neben afrikanischen Talismanen, kleine Törtchen neben Selbstgestricktem. Das Angebot folgt der Ordnung der Gegensätze, die jeden erfreut, der auf der Suche nach dem Besonderen ist.

Eine Einkaufstour ist anstrengend, aber unzählige **Restaurants** bieten die Gelegenheit zu einer Stärkung. Möchte der Gast nur einen Kaffee oder ein Kölsch? Kein Problem! Ansonsten kann er wählen von gut bürgerlicher Küche bis hin zum Exotischen: italienisch, türkisch, spanisch, balinesisch, japanisch, mit oder ohne Stern. Oder soll es einfach nur verrückt sein, wie in einem der vielen Szene-Restaurants? Übrigens – Der Kölnturm im Mediapark bietet mit seinem Restaurant im 30. Stock Essen mit Aussicht.

Köln ist eine Weltstadt, die über Jahrhunderte durch verschiedenste Kulturen geprägt worden ist. Dementsprechend vielschichtig ist auch das Angebot der Museen.

Geschichtlich, modern, gegenständlich, abstrakt oder kirchlich, Photos, Bilder oder Skulpturen – Wie hätten Sie´s denn gerne?

Auf dem Rundgang durch die Altstadt liegen bereits das **Römisch-Germanische-Museum**, das **Museum Ludwig**, das **Archäologische Quartier** und das **Wallraf-Richartz Museum** am Wegesrand.

Am Neumarkt ist das **Käthe-Kollwitz-Museum** in die gleichnamige Passage integriert. Es zeigt Grafiken, Zeichnungen und Plastiken der bekannten Malerin, die mit ihrem eigenwilligen Stil eine ganze Epoche geprägt hat.

Das **Schnütgen-Museum,** 2010 in das **„Kulturquartier am Neumarkt"** umgezogen, beherbergt christliche Kunst des Mittelalters.

Im historischen **Zeughaus**, einem schlichten Ziegelbau mit rot-weißen Fensterläden, hat sich das **Kölnische Stadtmuseum** etabliert. Den Besucher erwartet eine umfassende Sammlung zur Stadtgeschichte. Interessante Exponate aus den verschiedensten Bereichen zeigen die soziale, wirtschaftliche und kulturelle Entwicklung der Stadt Köln vom Mittelalter bis zur Gegenwart.

Ein Tipp ist das **„Kolumba"**, das Kunstmuseum des Erzbistums Köln, das auf den Grundmauern der im Zweiten Weltkrieg zerstörten Kirche St. Kolumba neu errichtet worden ist. Der Schweizer Architekt Peter Zumthor erhielt 2007 für die Erschaffung dieses Meisterwerks aus Licht und Raum den Kölner Architekturpreis.

Besonders sehenswert sind die Kölner Themenmuseen:

Das architektonisch eigenwillige **Schokoladenmuseum** auf einer der Altstadt vorgelagerten Rheininsel entführt den Besucher in die Geschichte der Schokoladenkultur. (Siehe Seite 53)

Das **Deutsche Sport- und Olympia-Museum** zeigt Exponate aus der nationalen und internationalen Sportgeschichte.

Das **Odysseum** in Köln Kalk versteht sich als Abenteuermuseum für Kinder und Jugendliche.

Und natürlich darf auch ein **Karnevalsmuseum** in Köln nicht fehlen. Hier dreht sich alles um den Karneval.

Wer sich für Kirchengeschichte interessiert, dem sei die Besichtigung des sagenumwobenen **Domschatzes** angeraten, der in den historischen Kellergewölben unter dem Dom gehütet wird.

Und, wer´s gemütlich mag, der findet im **Skulpturenpark** Köln inmitten eines 40.000 Quadratmeter umfassenden Geländes Ruhe und Entspannung.

Zahlreiche **Kirchen** zeugen noch heute vom „Hillije Kölle", in dem sich im Mittelalter mehr als 200 Kirchtürme erhoben. Man mag sich vorstellen, wie Prozessionen durch die engen Straßen zogen, Gebete rezitierend, von Kirche zu Kirche. Den Kölner Dom umgab ein Kranz von zwölf romanischen Kirchen, die alle heute noch erhalten sind.

Daneben prägten zahlreiche Klosterbauten und andere sakrale Gebäude das Straßenbild. Es roch nach Weihrauch und Frömmigkeit. Letzteres ist verschwunden, aber viele Kirchen sind noch erhalten und erzählen dem interessierten Besucher von der wechselvollen Geschichte des Christentums.

What to do in Cologne?

There is a lot to do in Cologne: Museums, churches, theaters, numerous shops and so on. There is something for everyone and just too much to list it all. Here are some recommendations...

Shopping:
From expensive shoe stores to fashion houses and the usual cheap goods, you can find everything in the traffic-calmed shopping streets Hohe Straße and Schildergasse or the malls at Neumarkt.

More interesting and diverse are the little shops in the city-districts.

Museums:
Cologne is a world city shaped by all kinds of cultures. To that effect, the diversity of museums covers everything from historical, modern, abstract or churchly to photos, paintings or sculptures.

As already mentioned in the Old Town Chapter, the **Römisch-Germanisches-Museum**, **Museum Ludwig**, **Archäologisches Quartier** and the **Wallraf-Richartz Museum** are worth a visit.

Here are some more recommendations:

Käthe-Kollwitz-Museum – displays the artists drawings, paintings and statuary.

Schnütgen-Museum – Christian art of the Middle Ages

Rautenstrauch-Joest-Museum – Museum of ethnology

Kölnisches Stadtmuseum – Broad collection of the town history

Kolumba – Art museum of Colognes archdiocese

Schokoladenmuseum – History of chocolate

Deutsches Sport-und Olympia-Museum – Exhibits from national and international history of sports.

Karnevalsmuseum – History of Carnival

Domschatz – Church history in the basement of Cologne Cathedral

Skulpturenpark – 40,000 squaremetre park with sculptures.

Churches:
You're a church goer?
These old roman churches are worth a visit...

-Groß St. Martin
-St. Aposteln
-St. Severin

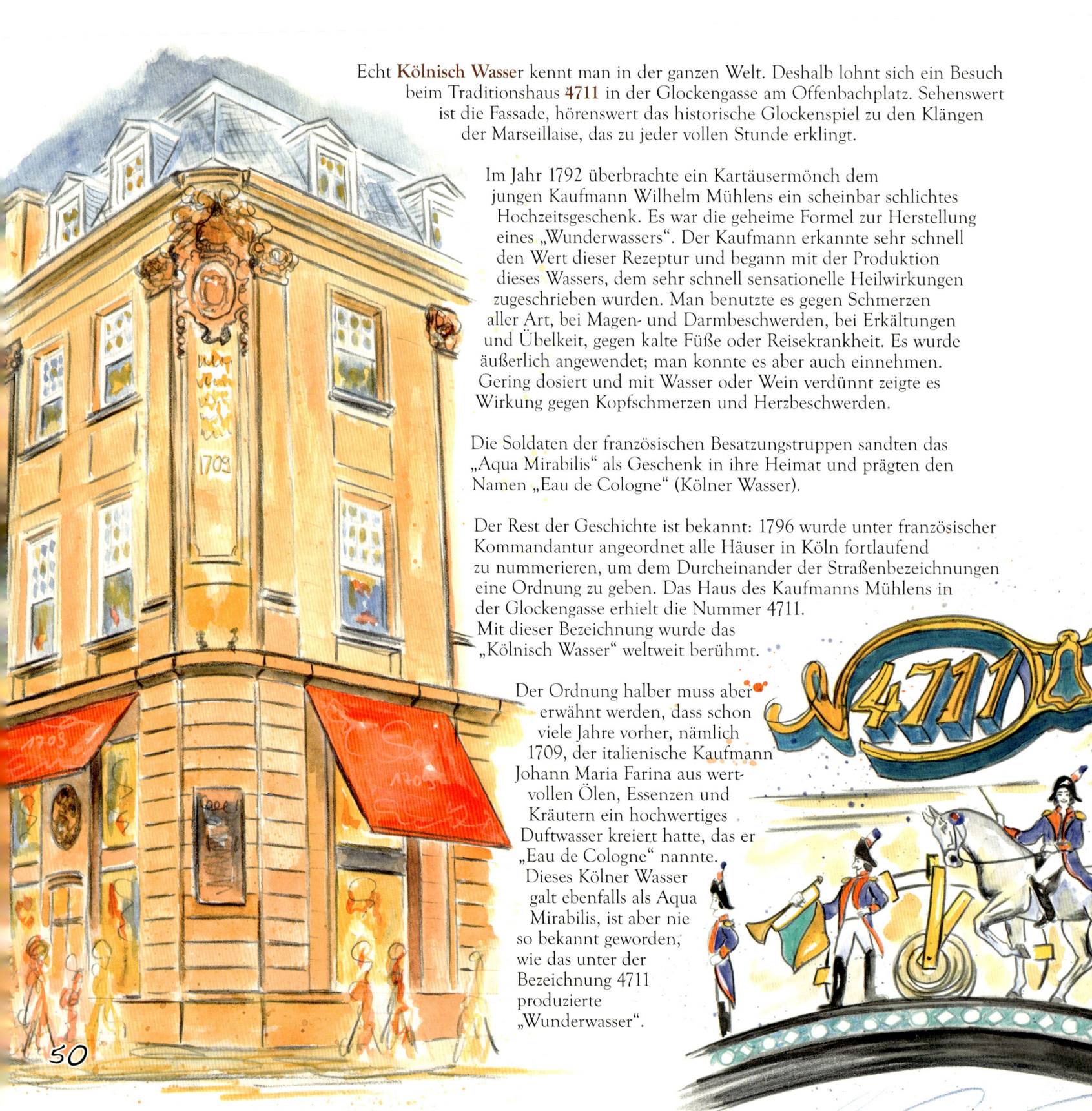

Echt **Kölnisch Wasser** kennt man in der ganzen Welt. Deshalb lohnt sich ein Besuch beim Traditionshaus **4711** in der Glockengasse am Offenbachplatz. Sehenswert ist die Fassade, hörenswert das historische Glockenspiel zu den Klängen der Marseillaise, das zu jeder vollen Stunde erklingt.

Im Jahr 1792 überbrachte ein Kartäusermönch dem jungen Kaufmann Wilhelm Mühlens ein scheinbar schlichtes Hochzeitsgeschenk. Es war die geheime Formel zur Herstellung eines „Wunderwassers". Der Kaufmann erkannte sehr schnell den Wert dieser Rezeptur und begann mit der Produktion dieses Wassers, dem sehr schnell sensationelle Heilwirkungen zugeschrieben wurden. Man benutzte es gegen Schmerzen aller Art, bei Magen- und Darmbeschwerden, bei Erkältungen und Übelkeit, gegen kalte Füße oder Reisekrankheit. Es wurde äußerlich angewendet; man konnte es aber auch einnehmen. Gering dosiert und mit Wasser oder Wein verdünnt zeigte es Wirkung gegen Kopfschmerzen und Herzbeschwerden.

Die Soldaten der französischen Besatzungstruppen sandten das „Aqua Mirabilis" als Geschenk in ihre Heimat und prägten den Namen „Eau de Cologne" (Kölner Wasser).

Der Rest der Geschichte ist bekannt: 1796 wurde unter französischer Kommandantur angeordnet alle Häuser in Köln fortlaufend zu nummerieren, um dem Durcheinander der Straßenbezeichnungen eine Ordnung zu geben. Das Haus des Kaufmanns Mühlens in der Glockengasse erhielt die Nummer 4711. Mit dieser Bezeichnung wurde das „Kölnisch Wasser" weltweit berühmt.

Der Ordnung halber muss aber erwähnt werden, dass schon viele Jahre vorher, nämlich 1709, der italienische Kaufmann Johann Maria Farina aus wertvollen Ölen, Essenzen und Kräutern ein hochwertiges Duftwasser kreiert hatte, das er „Eau de Cologne" nannte. Dieses Kölner Wasser galt ebenfalls als Aqua Mirabilis, ist aber nie so bekannt geworden, wie das unter der Bezeichnung 4711 produzierte „Wunderwasser".

4711-Echt Kölnisch Wasser

Ever wondered where the name **"Eau de Cologne"** comes from? Right. Cologne. Have a look at the flagship-store in the Glockengasse and look at the beautiful storefront, listen to the historical chime of bells that ring every full hour.
In 1792 the merchant Wilhelm Mühlens got a wedding gift from a Cartesian monk. The secret recipe for a so-called "wonder water". The merchant realized how valuable this recipe was and started to produce and sell this water soon. Used against pain of all causes, gastrointestinal diseases, common cold, sickness, cold feet or motion sickness, the French soldiers started sending the "Aqua Mirabilis" to their families back home and shaped the name "Eau de Cologne".

Why 4711? In 1796 the French ordered to number all houses in Cologne consecutively to get the confused street names in order and the house where Mr. Mühlens lived got the number 4711.

Dä Rhing entlang

Der Ausbau des Kölner **Rheinauhafens** ist ein städtebauliches Meisterwerk. Vom Südkai bis zum Malakoffturm im Norden wurde das komplette alte Hafenviertel nach modernsten architektonischen Gesichtspunkten neu gestaltet. Nur wenige Schritte von der Altstadt entfernt ist hier auf einer vorgelagerten schmalen Rheininsel ein Szene-Viertel mit ganz eigenem Flair entstanden.

In verschiedenen Themenkomplexen wurden Wohn- und Bürohäuser errichtet. Renovierte Speicherhäuser stehen im Dialog mit durchlässigen Glasfassaden. Einen besonderen Blickfang bilden die Kranhäuser, die im weiteren Sinne altertümlichen Lastkränen nachempfunden sind. Restaurants, Geschäfte, Hotels und Kulturstätten wurden in die Gesamtanlage integriert. Auch der alte Bayenturm, Teil der historischen Stadtmauer, wurde einbezogen. Besucher können den gesamten Komplex durch eine attraktive Fußgängerzone erwandern.

Der Bereich erstreckt sich über eine Gesamtlänge von ca. 2 km am Rheinufer entlang. Er ist unterbaut mit der längsten Tiefgarage Europas.

Der Rheinauhafen hat das Gesicht der Stadt, das von der rechten Rheinseite aus über Jahrhunderte durch den Dom und Groß St. Martin bestimmt war, nachhaltig verändert.

Along the Rhine

The Harbor – The expansion of the Cologne harbour (Rheinauhafen) is a masterpiece of urban building. It strongly changed the view from the other side of the Rhine, which has always been dominated by the cathedral and St. Martin. In different groups of themes homes and office buildings with inbuilt restaurants, shops and hotels accured. Parts of the historic city wall were incorporated and the "Kranhäuser" (crane buildings), built after the example of ancient derricks, truly are an eye-catcher.

Daneben „ankert" das **Schokoladenmuseum**, das über eine historische Drehbrücke mit der Altstadt verbunden ist. Es besticht nicht nur durch seine eigenwillige Form, die an ein großes Schiff erinnert, sondern auch durch besondere Exponate.

Den Besucher des Museums erwarten 3000 Jahre Schokoladengeschichte.

Bei den Mayas und Azteken galt Kakao wegen seiner gesundheitsfördernden Wirkung als „göttliches Getränk". Kakaobohnen wurden zur Herstellung von Heilmitteln und auch als Zahlungsmittel verwendet. Nachdem spanische Eroberer im 16. Jahrhundert die Kakaobohne mitgebracht hatten, eroberte das süße Getränk ganz Europa. Zahlreiche eigens für diesen Genuss gefertigte Gefäße aus edelstem Porzellan zeugen davon, dass Kakao ein Statussymbol der Aristokratie gewesen ist.

Von der Ernte der Kakaobohne bis zum fertigen Schokoladenprodukt wird der Werdegang der süßen Träume erläutert. Pralinen, feinste Schokoladen und Weihnachtsmänner, die Auswahl ist vielfältig.

De Schäl Sick

Hüben wie drüben tut sich was in Köln. *Nix bliev, wie et wor.*

Lange haben die Kölner etwas hochmütig von der linken auf die rechte Seite des Rheins geschaut, denn sie galt als „ärmere Seite", weniger feudal, weniger hochherrschaftlich, weniger schön.

Der Ausdruck „Schäl Sick" bedeutet „schielende" Seite. Als die Pferde noch auf Treidelpfaden die Schleppkähne über den Rhein zogen, wurde ihnen das dem Fluss zugewandte Auge verdeckt, damit sie nicht von den Sonnenreflexen auf dem Wasser irritiert wurden. Sie waren „schäl".

Eine Berechtigung für die Herabsetzung der rechten Seite gibt es seit Ende des 19. Jahrhunderts nicht mehr. 1864 erfand der berühmteste Bürger des Stadtteils Deutz, Nicolaus August Otto, den Viertaktmotor, der heute noch Bestandteil vieler Fahrzeuge ist. Er gründete die weltweit erste Motorenfabrik Otto & Cie, später die Gasmotorenfabrik Deutz AG, die unter den namhaften Direktoren Gottlieb Daimler und Wilhelm Maybach zur Blüte kam. Heute ist die Deutz AG ein weltweit agierendes Großunternehmen im Fahrzeugbau.

Um dieselbe Zeit entstand in Deutz am Ufer des Wasserweges Rhein die erste Dampf-Getreidemühle, die man weltweit unter dem Namen „Aurora" kennt.

Im aufstrebenden Industriezeitalter musste dann auch eine moderne Verkehrsanbindung geschaffen werden. Der **Deutzer Bahnhof** wurde gebaut. Er war rechtzeitig fertig, damit der Rat unter Oberbürgermeister Konrad Adenauer die Gründung der Kölner Messe in Deutz beschließen konnte. Die Schlote rauchten, die Motoren liefen.

Optisch hat sich in der Neuzeit vieles verändert. Die Messe wurde umgestaltet, erweitert und den modernen Anforderungen angepasst. Hinter den rhythmisierten Klinkerfassaden der alten Messegebäude ist der Fernsehsender RTL eingezogen. Dort verbirgt sich modernste Studiotechnik mit Blick auf den Rhein.
Der Deutzer Bahnhof wurde stilvoll restauriert und erinnert heute an ein Schmuckstück in einer Spielzeugeisenbahn.

The other side...

The city districts to the right side of the Rhine are still called **"De Schäl Sick"** (the disapproved side), coming from times when this side was known for being poorer and less lordly than the left side. Nowadays this side has a lot to offer and doesn't deserve that contemptuous name anymore.

With the construction of the train station **"Deutzer Bahnhof"**, an important and modern transport connection was built and the Cologne trade fair right next to it is one of the biggest trade fair buildings in the world.

The **Lanxess Arena** is a Multi functional hall for concerts, shows, sports events and entertainment.

The **Tanzbrunnen** is Cologne's most popular open-air event compound for Concerts, cabaret and carnival.

In the **Cologne Beach Club** you get Caribbean feeling in the city. 1,100 tons of sand, chill-out beach chairs and exotic cocktails make the ultimate summer experience.

Too boring!

Then you have to pay "Rope Island" a visit. The high rope course lets you unleash your inner Tarzan. But you better not be afraid of heights! The same goes for the rope way that transports visitors over the Rhine to the Cologne Zoo.

Die **Lanxess Arena** (ehemals Kölnarena) ist ein Musentempel der Superlative, erste Adresse für Konzerte, Shows, Sportereignisse und Entertainment. Die ausgefallene Architektur mit der feingliedrigen Dachkonstruktion aus Stahl, Glas und Licht, wird von einem 76 Meter hohen Bogen umspannt.
Weil sie an ein Gefäß erinnert, in welchem der Arbeiter früher sein Mittagessen mit zur Baustelle brachte, heißt sie in Köln nur „Henkelmännchen".

Rings um die Halle ist ein hochmoderner Stadtteil entstanden, in dem Büro- und Geschäftshäuser in den Himmel wachsen.

Alte leerstehende Fabrikhallen werden saniert. Ehrgeizige architektonische Pläne sehen eine den modernen Bedürfnissen angepasste städtebauliche Entwicklung vor. Hier sollen familiengerechte Wohnhäuser zwischen Grünflächen und nahegelegenen Einkaufszentren entstehen. Deutz erfindet sich gerade neu.

Im östlich gelegenen Stadtteil Kalk ist das bereits geschehen. Dort lassen die Köln Arcaden einkaufstechnisch keine Wünsche offen.

Zum Glück gibt es auf der Schäl Sick auch noch Altes und Bewährtes mit Tradition:

Der **Tanzbrunnen** im Rheinpark nahe der Messe ist nach wie vor Kölns beliebtestes Open-Air- Veranstaltungsgelände für Konzerte, Kabarett und Karneval.

Ebenfalls im Rheinpark liegt der **Cologne Beach Club**. Hier findet der Kölner bei gutem Wetter Erholung mit Karibik-Feeling. 1100 Tonnen feiner Sand, Chill-Out-Strandliegen, Sonnensegel und exotische Cocktails machen die Aussicht auf Dom und Altstadt zum unvergesslichen Sommererlebnis.

Wem das auf Dauer zu langweilig ist, der wandert im Rheinpark Richtung Norden. Im Hochseilgarten **Rope Island** wartet eine echte sportliche Herausforderung. Doch wer auf 10 Metern Höhe zwischen alten Bäumen die Seilkonstruktionen und den inneren Tarzan bezwingen will, sollte schwindelfrei sein.

Das gilt gewissermaßen auch für die Nutzung der Seilbahn, die dort ganz in der Nähe abfährt und den Besucher über den Rhein in den Kölner Zoo bringt.

Cologne Zoo

Built in 1856, the Cologne Zoo used to be at the edge of the town. Although it's right in the middle of highways and blocks of houses these days, it's still a place of peace and relaxation. The diversity of animals is impressive and the species-appropriate husbandry goes without saying.

Em Zoo

„Ene Besuch em Zoo", mindestens einmal im Jahr, ist Pflicht! Es ist ein Ort der Ruhe und Entspannung inmitten der hektischen Großstadt, die um das im Jahr 1856 angelegte Areal herumgewachsen ist. Damals war das noch eine exponierte Lage am Stadtrand, im Grünen. Heute ist der Kölner Zoo eingezwängt zwischen Häuserblocks und Schnellstraßen.

Dennoch, man kümmert sich mit Herzblut und großem Engagement um die vielen Tiere...

Die Kinder sehen staunend bei der Fütterung der Seelöwen zu. Im Urwaldhaus machen die Affen lustige Faxen und die Flamingos stehen entspannt auf einem Bein herum. Im neuen Hippodom tummeln sich Flusspferde und Nilkrokodile, denen man lieber nicht zu nahe kommt...

De Flora

Die **Flora**, in unmittelbarer Nähe des Zoos, ist Kölns Botanischer Garten. Dieser großzügige „Zier- und Lustgarten" wurde im 19. Jahrhundert von dem berühmten Bonner Gartenarchitekten Peter-Joseph Lenné entworfen, der sich bei der Gestaltung an französischen Barockanlagen orientiert hat.

Man wandelt zwischen bunten Blumenbeeten und Seerosenteichen. Bänke unter alten Bäumen laden zur Entspannung ein. Die Wege in dieser blühenden Oase führen durch einen Duftgarten zum Rosenhof. Außerdem wachsen hier unzählige Pflanzen aus unterschiedlichsten Klimazonen in Gewächshäusern.

Anziehender Blickfang inmitten des Geländes ist zunächst der große Springbrunnen mit den quirligen Wasserspielen. Dahinter strebt eine Freitreppe zu dem im Stil eines Barockschlösschens erbauten Wintergarten, in dem auch arabische und maurische Elemente verarbeitet sind. Das Gebäude wurde innen stilvoll renoviert, so dass die festlichen Räumlichkeiten einen feierlichen Rahmen für gesellschaftliche Events bieten. Die Flora hat jährlich etwa eine Million Besucher.

Flora

Colognes botanical garden, the Flora is located right next to the Zoo. Planned by a famous landscape gardener from Bonn, Peter-Joseph Lenné, in the 19th century, it is built in the style of french baroque parks.

Racecourse

The Cologne-Weidenpesch Racecourse has a unique atmosphere. For more than 100 years it arranges horse races on a regular basis and it is a social happening ever since.

Op dä Rennbahn

Sieg oder Platz – eine kleine Pferdewette gefällig?
Vor über hundert Jahren etablierte sich der Kölner Rennverein im Weidenpescher Park. Seitdem finden dort regelmäßig Pferderennen statt. Die Kölner Galopprennbahn mit den liebevoll im Fachwerkstil renovierten Gebäuden hat ein einzigartiges Flair.

Nach wie vor ist jeder Renntag ein gesellschaftliches Ereignis. Frauen tragen große Hüte, Familien sitzen im Gras vor der Rennbahn, Zocker stehen im Wettbüro an den Fernsehschirmen, VIPs schauen vom Teehaus herab. Die Mischung macht´s.

Man schaut sich die Pferde an, platziert eine kleine Wette, setzt sich auf eine der weitläufigen Tribünen und verfolgt das Rennen.

Aufgalopp, Start, das Rennen läuft. Die Menge erhebt sich, schreit, feuert an, jubelt, beruhigt sich. Das Rennen ist vorbei. Wettabschnitte flattern zu Boden. Weiter geht es zum Sattelplatz. Man muss sich beeilen. Das nächste Rennen steht bevor.

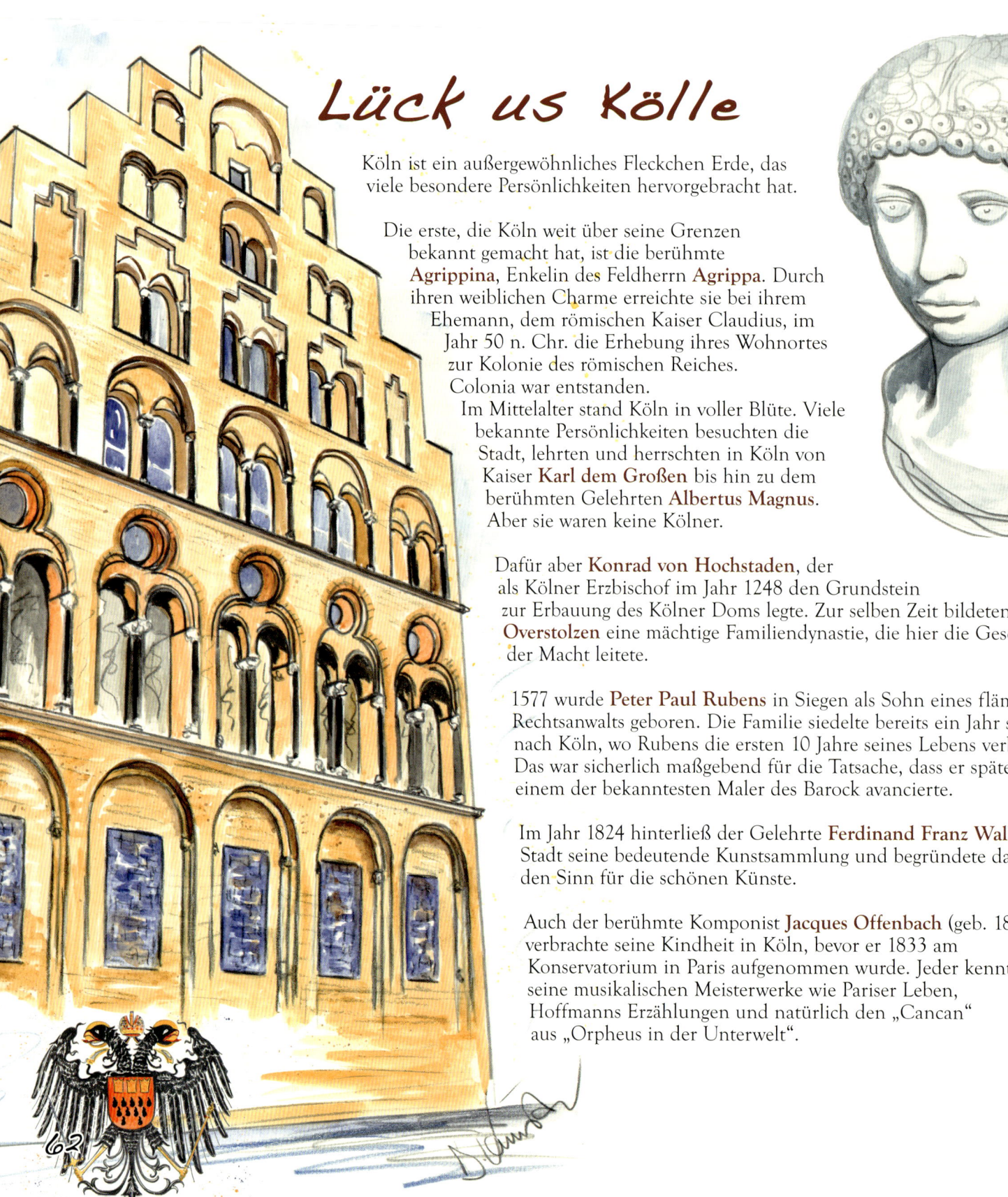

Lück us Kölle

Köln ist ein außergewöhnliches Fleckchen Erde, das viele besondere Persönlichkeiten hervorgebracht hat.

Die erste, die Köln weit über seine Grenzen bekannt gemacht hat, ist die berühmte **Agrippina**, Enkelin des Feldherrn **Agrippa**. Durch ihren weiblichen Charme erreichte sie bei ihrem Ehemann, dem römischen Kaiser Claudius, im Jahr 50 n. Chr. die Erhebung ihres Wohnortes zur Kolonie des römischen Reiches. Colonia war entstanden.

Im Mittelalter stand Köln in voller Blüte. Viele bekannte Persönlichkeiten besuchten die Stadt, lehrten und herrschten in Köln von Kaiser **Karl dem Großen** bis hin zu dem berühmten Gelehrten **Albertus Magnus**. Aber sie waren keine Kölner.

Dafür aber **Konrad von Hochstaden**, der als Kölner Erzbischof im Jahr 1248 den Grundstein zur Erbauung des Kölner Doms legte. Zur selben Zeit bildeten die **Overstolzen** eine mächtige Familiendynastie, die hier die Geschicke der Macht leitete.

1577 wurde **Peter Paul Rubens** in Siegen als Sohn eines flämischen Rechtsanwalts geboren. Die Familie siedelte bereits ein Jahr später nach Köln, wo Rubens die ersten 10 Jahre seines Lebens verbrachte. Das war sicherlich maßgebend für die Tatsache, dass er später zu einem der bekanntesten Maler des Barock avancierte.

Im Jahr 1824 hinterließ der Gelehrte **Ferdinand Franz Wallraf** der Stadt seine bedeutende Kunstsammlung und begründete damit den Sinn für die schönen Künste.

Auch der berühmte Komponist **Jacques Offenbach** (geb. 1819) verbrachte seine Kindheit in Köln, bevor er 1833 am Konservatorium in Paris aufgenommen wurde. Jeder kennt seine musikalischen Meisterwerke wie Pariser Leben, Hoffmanns Erzählungen und natürlich den „Cancan" aus „Orpheus in der Unterwelt".

Der Kölner Domvikar **Adolph Kolping** kümmerte sich um junge Menschen. Er gründete 1849 einen Gesellenverein mit dem Ziel, den wandernden Gesellen bei ihrem Aufenthalt in der Fremde einen familienähnlichen Halt und ein Heim zu bieten. Heute gibt es alleine in Deutschland mehr als 250 Kolpinghäuser, die Jugendliche beim Einstieg ins Erwerbsleben unterstützen und pädagogisch betreuen.

In der dunkelsten Zeit der Geschichte, während des zweiten Weltkriegs, machten in Köln die **Edelweißpiraten** von sich reden. Das war eine Gruppe junger Menschen, die sich nicht dem Hitler-Regime untergeordnet hatten. Natürlich war es nur eine kleine individuelle Zelle des Widerstandes ohne starken politischen Einfluss, aber mit einem großen Herz und vielen oppositionellen Einzelaktionen.
Die Edelweispiraten waren und sind Vorbild für viele Freidenker!

Ein berühmter Sohn der Stadt hat nicht nur die Geschichte Kölns, sondern auch die Deutsche Geschichte entscheidend beeinflusst: **Konrad Adenauer** (geb. 1876). Er war von 1917 bis 1933 Kölner Oberbürgermeister und später noch einmal für kurze Zeit im Jahr 1945, als ihn die Amerikaner wieder dort einsetzten. Die weitere politische Karriere des Vordenkers, der mit einfachem rheinischem Sprachschatz weltweit so viel bewegt hat, ist bekannt. Konrad Adenauer war von 1949 bis 1963 erster Bundeskanzler der Bundesrepublik Deutschland. Erst mit 87 Jahren legte er sein Amt nieder.

Es begab sich zu der Zeit als Konrad Adenauer Kölner Bürgermeister war, dass auch **Joseph Kardinal Frings** als Kölner Erzbischof seines Amtes waltete. Die beiden eigenwilligen Persönlichkeiten hatten sehr unterschiedliche politische wie auch theologische Ansichten. In einer Sache waren sie sich einig:
In dieser entbehrungsreichen Nachkriegszeit sollte der „Klüttenklau", juristisch ausgedrückt „die widerrechtliche Wegnahme fremder Kohlen", keine Sünde sein. Der Begriff „Fringsen" machte die Runde. Damit wurden kleinere Vergehen wie Diebstähle und Mundraub, die aus Not geschahen, von der Kirche legalisiert.

Im Jahr 1909 wurde in Köln **Willy Millowitsch** geboren. Aus einer Schauspielerfamilie stammend übernahm er 1940 von seinem Vater die Leitung des privaten Millowitsch Theaters.

Seine Bühnenstücke kreierte er größtenteils selbst und verkörperte als Kölsches Original auch die Hauptrolle. Damit schrieb er Fernsehgeschichte, denn er erreichte die erste Live-Übertragung eines Theaterstückes. Das Kölsche Original war ein Macher. Sein Leben war die Bühne. Mit seiner jovial burschikosen Art brachte er die Menschen zum Lachen. Er war ein Repräsentant für die Kölsche Lebensart. Seit einigen Jahren hat sich im legendären Millowitsch Theater die Volksbühne etabliert – eine Spielstätte für Kabarett, Comedy, Kleinkunst und Mundartbands.

Auch die liebenswert wohlbeleibte **Trude Herr** war eine große Volksschauspielerin, die mit ihrem herben Charme die Botschaft des rheinischen Frohsinns verbreitete. Die Schauspielerin und Sängerin spielte Rollen im Millowitsch-Theater, machte in den 50er Jahren Karriere im Kölner Karneval und etablierte sich ab 1977 mit ihrem eigenen Theater im Vringsveedel. Mit ihrem Lieblingspartner, **Hans Künster**, brachte sie in vielen selbst inszenierten Mundartstücken die Zuschauer in Rage.

Der Rheinländer kann auch durchaus ernst sein mit großem intellektuellen Anspruch im Denken und Schreiben, so wie **Heinrich Böll**, der 1917 in der Kölner Südstadt geboren wurde. Er erhielt 1972 für seine sozialkritischen Werke den Nobelpreis für Literatur.

Personalities from Cologne

Cologne is a very extraordinary place on earth and quite some personalities were born here.

Agrippina:
Granddaughter of Commander Agrippa and wife to roman emperor **Claudius**. In 50 A.C. she convinced her husband to raise a roman colony where they lived and is therefore the secret founder of Cologne.

Konrad von Hochstaden:
Archbishop and responsible for the construction of the Cologne Cathedral in 1248.

The Overstolzen:
Powerful family dynasty during the 13th century.

Peter Paul Rubens:
Even though he was born in Siegen in 1577, his family moved to Cologne in 1578 where Rubens spent the next 10 years. Today he is known as one of the most important and known painters of Baroque.

Ferdinand Franz Wallraf:
Savant and art collector. In 1824 he passed on his significant collection to the city of Cologne.

Jaques Offenbach:
Composer. Born in 1819. Most famous masterpiece: "Cancan" from the operetta "Orpheus in the Underworld".

Adolph Kolping:
Catholic priest and founder of the Kolping Association. The so called "Kolpinghouses" provide religious and social support to young workers.

Konrad Adenauer:
Statesman, born in 1876. Mayor of Cologne (1917-1933) and first post-war Chancellor of Germany (1949-1963).

Joseph Kardinal Frings:
Archbishop of Cologne from 1942-1969.

Edelweiss pirates:
In history darkest times, during WWII, a group of young men who didn't submit the Hitler Regime and called themselves the Edelweiss pirates, became a talking point. Of course it was only a small individual group with no strong political influence but with big hearts and lots of oppositional independent actions. The Edelweiss pirates were and still are role models to a lot of free thinkers!

Willy Millowitsch:
Born in 1909. TV & stage actor and director of the family-owned "Millowitsch-theatre" in Cologne.

Heinrich Böll:
Writer, born in 1917. Received the Nobel Prize for Literature in 1972. Famous works: ‚Group Portrait with Lady' and ‚The Lost Honour of Katharina Blum'.

» OCH WAT WOR DAT FRÖHER SCHÖN DOCH EN COLONIA «

Die Kunst der leichten Muse

Der Kölner schätzt die Leichtigkeit des Seins. Er hat einen einmaligen Sinn für Witz und Humor und die Fähigkeit, über sich selber lachen zu können. Davon zeugt das Kölsche Liedgut, das diese Eigenarten beschreibt und besingt.

Geprägt wurde die Szene von **Willi Ostermann** (geb. 1876). Seine Texte waren Parodien auf das Leben nebenan: „Kölsche Mädcher künne bütze", „Do hät dat Schmitze Billa….", „Däm Schmitz sing Frau eß durchjebrannt". Willi Ostermann verfasste auch allgemeine Lieder zum Thema „Wein, Weib, Gesang und Rhein", die ihn in den 20er Jahren in ganz Deutschland populär machten. Leider ist er nur 60 Jahre alt geworden. Bei seinem letzten Auftritt in Bad Neuenahr, erlitt er auf der Bühne einen Zusammenbruch. Danach verfasste er im Krankenhaus seine Hymne: „Heimweh nach Köln" aus der die Zeile „Ich mööch zo Foß noh Kölle jonn" zum Credo für alle Kölner geworden ist.

Im Jahr 1900 wurde der Bäckerssohn **Karl Berbuer** geboren, der sich mit Liedern wie „Heidewitzka" und „Müllemer Böötche" einen Namen machte. Sein Trizonesien-Song „Wir sind die Eingeborenen von Trizonesien", den Karl Berbuer im Jahr 1948 schrieb, avancierte in der Nachkriegszeit sogar für kurze Zeit ersatzweise zur deutschen Nationalhymne, weil es noch keine andere gab. Er wandelte in den Spuren von **Willi Ostermann** und schrieb zahlreiche Karnevalsschlager, die auch heute noch jeder kennt.

In die Liga der großen Kölner Komponisten gehört natürlich auch **Jupp Schmitz**, (geb. 1901). Er bezeichnete sich selbst als Schlager- und Krätzchensänger, obwohl er am Konservatorium eine hochklassige Ausbildung zum Pianisten erfahren hatte. Auch er schrieb zahlreiche Schlager und Karnevalslieder. Seinen Durchbruch hatte er nach der Währungsreform mit dem Hit, der an Aktualität nichts verloren hat: „Wer soll das bezahlen?"

Gerhard Jussenhofen (geb. 1911) war promovierter Jurist, was ihn nicht davon abhielt, mehr als 1000 Schlager und Karnevalslieder zu komponieren.

Hans Knipp (geb. 1946) hatte keine musikalische Ausbildung. Er war Autodidakt. Schließlich „schmiss" er die Schule, erlernte eigenständig Gitarre zu spielen, kaufte sich mit geliehenem Geld ein Tonbandgerät und startete eine erfolgreiche Karriere als Komponist und Sänger.

Nach dem Krieg machte im Kölner Karneval das Quartett „De Vier Botze" von sich reden, deren bekanntestes Lied „En d´r Kaygass Nummere Null..." heute noch oft gesungen wird. Zwei der Gründungsväter hießen **Hans Süper** und **Richard Engel**.

Nach einem mäßig erfolgreichen Start als Karnevalsredner und Krätzchensänger gründete **Hans Süper** junior 1974 zusammen mit **Hans Zimmermann** das „Colonia Duett". Die beiden Parodisten rührten mit ihrem lustigen Rollenspiel und dem Schimpfwort „Du Ei" das Publikum über viele Jahre zu Lachtränen.

Tommy Engel (geb.1949) war viele Jahre Leadsänger bei den legendären Bläck Fööss. Heute gibt er erfolgreich Solo-Konzerte. Seine Lieder kommen „vum Hätz", sein Vortrag geht „ans Hätz" und er ist aus der Kölner Szene einfach nicht wegzudenken.

Vor ihrem Sprung in den Karneval waren die **Bläck Fööss** ganz „normale" Beat/Rockmusiker. Wer auch immer die Idee hatte, „Rock op Kölsch" zu machen, lässt sich nicht mehr feststellen, aber sie war genial. Das hatte der Karneval noch nicht gesehen: Junge Rockmusiker mit langen Haaren, unkonventionell gekleidet in Jeans und T-Shirt, mit nackten Füßen. Das war revolutionär! Das ging gegen die Tradition! Das ging eigentlich gar nicht! Nach jahrelangem Boykott durch die obersten Karnevalisten fassten die **„Fööss"** aber doch Fuß. Sie waren und sind eine der erfolgreichsten Mundart-Gruppen, die Köln je hervorgebracht hat.

Auf den Spuren der Bläck Fööss wandelten viele Kölner Mundart-Gruppen. Da sind die **Paveier** und **De Räuber** und viele andere. Alle sind sie etabliert im Karneval, haben ihre Fangemeinde, allen voran die **Höhner**, die es sich zur Aufgabe gemacht hatten, das Kölsche Liedgut in der Welt zu verbreiten.

„Ohne Fööss kein **BAP**, so hat sich **Wolfgang Niedecken** ausgedrückt, was bedeutet, dass er wahrscheinlich nicht Kölsch gesungen hätte, wenn die Bläck Fööss das nicht vorgemacht hätten. Niedecken gründete seine Rockband BAP im Jahr 1976. Musikalisch orientierte er sich an den Kinks, Bob Dylan und den Rolling Stones. BAP hatte bisher insgesamt neun Platz-eins-Alben in den deutschen Charts.

Und wieder wurde die musikalische Bühne revolutioniert. **BRINGS** spielen schneller, lauter, härter... Seit mehr als 25 Jahren rocken sie die Bühnen im In- und Ausland. Ihre Konzerte haben teilweise epochale Ausmaße angenommen mit bis zu 50 000 Besuchern...

Natürlich mangelt es in der meistbesungenen Stadt der Welt nicht an ambitioniertem Nachwuchs: Bands wie Querbeat, Kasalla, Cat Ballou, die Klüngelköpp, Miljö und Fiasko sind erfolgreich über die Grenzen der Region hinaus, ebenso wie Björn Heuser, der mit seinen stimmungsvollen Liedern das Gefühl der Stadt animiert.

Bemerkenswert:

Die Kölsche Musikszene hält zusammen. Unter dem Titel „Arsch huh - Zäng ussenander" setzten die bekannten Bands mit mehreren Protest-Konzerten ein deutliches Zeichen gegen Rassismus und Ausländerfeindlichkeit.

Manchmal „gilt der Prophet nichts im eigenen Land", aber anderswo umso mehr. **Nico**, die mit bürgerlichem Namen Christa Päffgen hieß und aus Köln stammte, galt in den 60er Jahren als Muse von Andy Warhol. Dieses Kölsche Mädchen war eine Ikone der New Yorker Szene und gelangte mit „Velvet Underground and Nico" zu Weltruhm.

Auch die Gruppe **CAN**, die sich 1968 in Köln erfand, hat internationale Musikgeschichte geschrieben. Die Band ist in Musikkreisen als eine der innovativsten und einflussreichsten Independent-Rockbands bekannt.

The Art of Cologne Music:

The people of Cologne like the ease of being. They have a unique sense of humor and can easily laugh about themselves. That's something the lyrics of "Kölsches Liedgut" (songs about Cologne and its citizens) are about.

Most known and important singers, composers and lyricists of that "classical carnival" music are:

Willi Ostermann (1876-1936), **Karl Berbuer** (1900-1977), **Jupp Schmitz** (1901-1991), **Gerhard Jussenhofen** (1911-2006), **Hans Knipp** (1946-2011).

Hans Süper Jr. & Hans Zimmermann: formed the **"Colonia Duett"** in 1974.

Bläck Föös: first "Rockband" performing in Cologne dialect.

Tommy Engel: born in 1949. Now solo performer, former leadsinger of band "Bläck Föös".

BAP & Wolfgang Niedecken: formed in 1976. He was musically influenced by The Kinks, Bob Dylan and The Rolling Stones.

Most known Carnival Rockbands: **Brings, Höhner, Paveier, De Räuber**

The new generation:
Querbeat, Kasalla, Cat Ballou, die Klüngelköpp, Miljö, Fiasko, Björn Heuser...

Remarkable:

"Arsch huh – Zäng ussenander" (Get your ass up and speak your mind): several protest concerts from some of the above mentioned bands against racism with more than 100.000 visitors.

Nico: birth name: Christina Päffgen, Muse to **Andy Warhol** and singer of the New York band "**The VelvetUnderground** and Nico".

CAN: Experimental rock band. Pioneers of the German ‚Krautrock' scene, which is worldwide influencial to this days...

Fastelovend

Karneval in Köln, das ist kein Volksfest, das ist ein Gemütszustand, der sich wie eine fröhliche bunte Wolke über die Stadt legt, sich ausbreitet und bis in den letzten Winkel vordringt. Karneval geschieht. Er geschieht überall – drinnen, draußen, in den Familien, im gesellschaftlichen Leben, in der Politik, in der Kunst, in den Medien – einfach überall. Alles wird infiziert; niemand kann sich entziehen. Karneval in Köln ist ehrlich. Er kommt „vum Hätz". Das ist gelebter „Spaß an d'r Freud!"

„Denn wenn dat Trömmelche jeht, dann ston mer all parat...", dieses viel gesungene Lied ist bezeichnend für die herrschende Karnevalsmentalität. Man ist jederzeit bereit. Der Zeitpunkt ist letztendlich unbedeutend, ebenso wie das Wetter. Wäre der Karneval im Sommer, so würde das dem närrischen Treiben sicherlich keinen Abbruch tun, eher im Gegenteil. Aber man hält sich an die traditionellen Regeln, die besagen, dass die Narren den Winter vertreiben sollen. Weil man aber nicht immer bis zum Februar warten will, hat man den Elften im Elften ausgesucht. Dann steht die Eins neben der Eins. Das ist ein närrisches Datum, eine Schnapszahl, also passend zur Eröffnung der Session.

Der Alter Markt wird zur Pilgerstätte der Fröhlichkeit. Einheimische und Besucher stürzen sich voller Freude ins Getümmel. Sie sind ausgehungert von der langen karnevalistischen Abstinenz. Nun dürfen sie sich wieder verkleiden und es geht endlich los: Karneval für einen Tag als Vorgeschmack auf die schöne Zeit von Januar bis Aschermittwoch. „Dreimol Kölle Alaaf!"

Übrigens ist unser wunderbarer Schlachtruf „Alaaf" tatsächlich auf eine kleine Region beschränkt. Köln, Bonn und Aachen stimmen hier überein. Im Norden und Süden hört man ein seltsam klingendes „Helau".

Offiziell beginnt der Karneval in der ersten Januarwoche mit der Prinzenproklamation, der Inthronisierung des Kölner Dreigestirns, bestehend aus Prinz, Bauer und Jungfrau.

Der Prinz ist der unangefochtene Herrscher des Karnevals. Lange Fasanenfedern schmücken seine Kappe als Zeichen von Rang und Würde.

Der Bauer, „Seine Deftigkeit", verkörpert Bodenständigkeit und Volksnähe; er ist der Vertreter der Bürgerschaft.

Daneben regiert „Ihre Lieblichkeit", die Jungfrau, die als Symbol der Tugend gilt. Sie wird in Köln traditionell von einem Mann dargestellt, um die holde Weiblichkeit zu schützen, denn die könnte sonst vielleicht den Versuchungen der Sünde erliegen und an ihrer zarten Seele Schaden nehmen.

Prinz, Bauer und Jungfrau absolvieren bis Aschermittwoch einen wahren Terminmarathon, streng reglementiert nach den Vorgaben eines Protokolls, das vom allmächtigen Kölner Festkomitee dominiert wird. Das Dreigestirn besucht zahlreiche Karnevalssitzungen und Veranstaltungen, tritt in Funk und Fernsehen auf, führt Gespräche mit Bürgern und Besuchern aus Wirtschaft und Industrie und ist überall präsent.

Dem Kölner Festkomitee sind mehr als hundert Karnevalsvereine und Gesellschaften angeschlossen. Die Korpsgesellschaften tragen Uniform und hier geht es militärisch zu, denn diese Vereine sind aus einer Verulkung der Franzosen und der Preußen entstanden, die jeweils den Karneval unterdrücken wollten. *Das ist ein in Köln vollkommen unsinniges Anliegen.*

Die Komiteegesellschaften hingegen tragen Frack und Zylinder und zelebrieren den Karneval in erlesenen Events.

Carnival:

Carnival in Cologne – it is a wild feast of happiness. It is something you can't explain, something you has to feel.

People get dressed up. As clowns, witches, bandits, pirates - or wear uniforms like the soldiers in former times. One slips into a role – can be someone else. And then everyone celebrates and sings – in pubs, in the streets, everywhere.

Carnival has a tradition of several hundred years. The fools are supposed to expel the wintertime. And it was a good opportunity to have one last wild feast before the Great Lent.

The fifth season, as it is called, starts at the 11th of the 11th at 11 minutes past 11. A special date and a little foretaste to the coming season. But just for one day!

The official Carnival starts in January with the announcement of the prince. The big three, prince, peasant and maiden, rule the fools for the coming weeks. The maiden is traditionally always embodied by a man.

Zünftig geht es bei den vielen Veedelsvereinen zu, die einfach nur Spaß haben wollen. Das ist Karneval in seiner ursprünglichen Form.
Die Zeit von Januar bis Aschermittwoch ist ausgefüllt mit unzähligen Festen, Bällen und karnevalistischen Veranstaltungen jeglicher Art. Kein Saal oder Säälchen, das noch einen freien Platz bieten würde. Die Preise sind enorm. Es grenzt an Wucher, aber der Kölner feiert Karneval.
Wat wells de maache?

Der Sitzungskarneval hat in Köln große Tradition. Eine gute Sitzung bietet ein sorgfältig zusammengestelltes Programm aus witzigen Büttenreden, akrobatischen Tanzvorstellungen und musikalischen Vorträgen der Mundartgruppen.
Dies alles auf hohem Niveau zu organisieren und abzuwickeln setzt bei den veranstaltenden Vereinen und Gesellschaften im Vorfeld intensive Arbeit und viel Erfahrung voraus.

Viele Talente haben sich in der sog. Büttenrede (auch wenn es heute keine „Bütt" mehr gibt) hervorgetan. Man erinnere sich an die „Doof Noss", „Dat Botterblömche", den „Trötemann" und viele andere, die über Jahrzehnte mit trockenem Humor die Zuhörer zum Lachen brachten. Heute stehen Guido Cantz, Bernd Stelter, Martin Schops oder Mark Metzger (um nur einige zu nennen) auf der Bühne, deren Vortrag eher im Bereich der Comedy anzusiedeln ist. Allen ist eines gemeinsam: Sie haben selbst viel Spaß dabei und sind in der Lage, auch über sich selbst zu lachen.

Die „Stunksitzung", ursprünglich eine Persiflage auf die etablierten Sitzungen, ist immer noch bissig, hat sich aber mittlerweile als ernsthaftes Element in der Landschaft des organisierten Frohsinns eingefunden.
Meinungsverschiedenheiten wurden mit dem Festkomitee ausgeschunkelt.

An Weiberfastnacht, das ist der Donnerstag vor dem Karnevalswochenende, regieren traditionell die Frauen. Sie haben das Sagen und die Männer müssen gehorchen. Im späten Mittelalter war das als Ausdruck karnevalistischer Umkehrung der herrschenden Ordnung gedacht. Mit dem neuen Selbstverständnis der Frauen hat die Fastnacht eine andere Ausgestaltung angenommen. Frau ist selbstbewusst und das auch im Karneval.

An Weiberfastnacht wird ausgelassen gefeiert. Alles steht Kopf an diesem Tag. Das geschäftliche Leben in der Millionenmetropole kommt zum Erliegen. Der Straßenkarneval hat begonnen.

Diese Form des Karnevals ist nicht organisierbar, sondern spontan. Die Kostüme sind phantasievoll und bedeutsam, denn sie sind auch Ausdruck einer inneren Wandlung. Am liebsten kostümiert sich der Kölner als Clown, was seiner Lebensart entspricht. Früher war es der Narr, der mit seinen geistvollen oder auch bösartigen Späßen den Menschen den Spiegel vorgehalten hat. Im leichtlebigen Köln wird diese Rolle vom Clown übernommen, der nicht ernsthaft und belehrend, sondern auf lustige Art die zeitlose Dimension des Frohsinns bewahrt.

Am Karnevalssonntag ziehen die „Schull- un Veedelszöch" durch die Stadt. Dabei präsentieren sich Schulen und Vereine mit selbst gestalteten Kostümen. Die besten Gruppen werden prämiert; sie dürfen am Rosenmontagszug teilnehmen.

The time from January to Ash Wednesday is full of feasts, proms and carnivalesque events of any kind. Dressing up, singing, dancing, swaying to the music, celebrating – that's Carnival in Cologne.
No one can escape.

Street Carnival is the highlight of the fifth season and starts with Women's Carnival (Weiberfastnacht). The last Thursday before Ash Wednesday is traditionally ruled by women. They are in charge for one day and men have to be obedient.
The city goes wild.

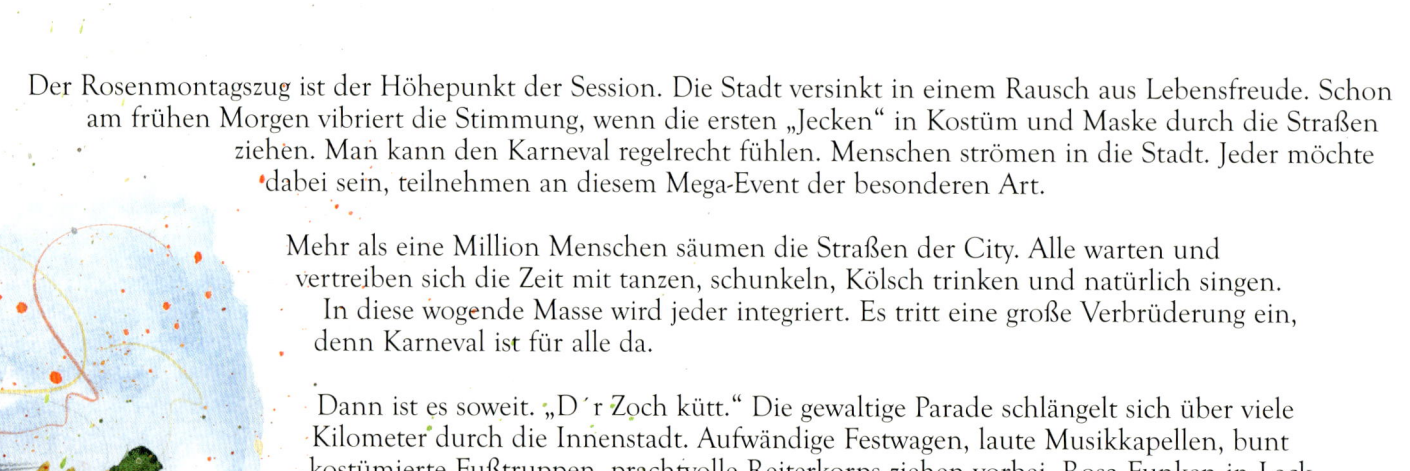

Der Rosenmontagszug ist der Höhepunkt der Session. Die Stadt versinkt in einem Rausch aus Lebensfreude. Schon am frühen Morgen vibriert die Stimmung, wenn die ersten „Jecken" in Kostüm und Maske durch die Straßen ziehen. Man kann den Karneval regelrecht fühlen. Menschen strömen in die Stadt. Jeder möchte dabei sein, teilnehmen an diesem Mega-Event der besonderen Art.

Mehr als eine Million Menschen säumen die Straßen der City. Alle warten und vertreiben sich die Zeit mit tanzen, schunkeln, Kölsch trinken und natürlich singen. In diese wogende Masse wird jeder integriert. Es tritt eine große Verbrüderung ein, denn Karneval ist für alle da.

Dann ist es soweit. „D´r Zoch kütt." Die gewaltige Parade schlängelt sich über viele Kilometer durch die Innenstadt. Aufwändige Festwagen, laute Musikkapellen, bunt kostümierte Fußtruppen, prachtvolle Reiterkorps ziehen vorbei. Rosa Funken in Lack und Leder beleben die Szene, Goldene Jungs jubeln in die Menge, furchterregende Hunnen und Urzeitmenschen tummeln sich mittendrin.

„Kamelle", ruft es von überall her und die Menge wird reichlich belohnt. Über 300 Tonnen Süßigkeiten prasseln von den Wagen auf das fröhliche Volk, darunter 700.000 Tafeln Schokolade und 200.000 Schachteln Pralinen. „Bützjer" (Küsschen) werden reichlich verteilt. Die Menge tobt, brodelt, schunkelt. Das ist Karneval total oder die wundersame Wandlung einer Wirtschaftsmetropole zu einem bunten Narrenschiff.

Der Nubbel – eine Strohpuppe – wird traditionell am Abend des Veilchendienstags verbrannt, denn einer muss schließlich für alle Sünden büßen…

…und am Aschermittwoch ist alles vorbei. Das bunte Treiben hat ein Ende. Es herrscht Katerstimmung. Allmählich kehrt der Alltag zurück.

Aber nach dem Karneval ist vor dem Karneval. Schon bald wird das Motto für die nächste Session verkündet und schon am Elften im Elften – also bald – jeht et widder loss.

The highlight of Carnival is the parade on „Rose Monday". More than a million people celebrate in the streets and wait for the parade full of floats, horsemen and horses, loud music groups and dressed up infantries to start. More than 300 tons of sweets and chocolates are thrown into the crowd.

This is totally Carnival!

And then the celebrations end with "Ash Wednesday". But as said before, Carnival in Cologne is something you can't describe, you have to feel it.

Et Kölsche Jrundjesetz

Die aufgestellten Regeln sind äußerst wichtig und dem Kölner wesensimmanent. Es sind goldene Lebensweisheiten. Sie bestimmen den Alltag und sind in bestimmten Situationen wie ein Mantra anzuwenden. Niemand weiß woher diese Regeln kommen, wer sie erfunden hat und vor allen Dingen, wann sie geprägt worden sind. Sie waren immer da – von Anfang an!

„Am Anfang war das Wort!", so schreibt Johann Wolfgang von Goethe in seinem Lebenswerk „Faust".
Der Dichter hat im Jahr 1774 Köln besucht. Er war fasziniert vom Kölner Dom, von den dortigen Kunstschätzen, vom Karneval und von der Kölschen Lebensart. Deshalb ist davon auszugehen, dass er schon damals die hier geltenden, in wohl formulierte Worte gekleideten Lebensregeln verinnerlicht hatte, als er ein Jahr später mit der Verfassung des „Faust" begann.

Geht man noch weiter zurück, so ist festzustellen, dass auch die Lehren des Buddha und des Konfuzius (beide um 500 v. Chr.) auf die elementaren Grundwerte dieser Regeln zurückgehen. Die Gelehrten führen aus, dass die Erleuchtung nicht durch Habsucht und Machtgier bestimmt werden kann, sondern durch Menschlichkeit, Geduld, Toleranz und Ergebenheit. Genau das sind die Essenzen des Kölschen Grundgesetzes.

The Cologne Basic Law:

The Cologne set up rules are golden homespun philosophies and define the every day life.
No one knows where they originally came from and who invented them.
They have just been there from the beginning!

1: **Et es wie et es.** Es ist wie es ist.
Das ist Tatsache. Finde dich damit ab!
Things are as they are. *It's a fact. Live with it.*

2: **Et kütt wie et kütt.** Es kommt wie es kommt.
Die Dinge nehmen ihren Lauf. Du kannst nichts daran ändern.
It comes as it comes. *Things happen. You can't change it.*

3: **Et hät noch immer joot jejange.** Es ist immer noch gut gegangen.
Egal wie wir uns entscheiden, es wird schon gut gehen.
It's always worked out somehow. *No matter which decision we make, it will be OK in the end.*

4: **Wat fott es, es fott.** Was weg ist, ist weg.
Jammer nicht, denk an Artikel 1.
What's gone is gone. *Don't moan, think about Article 1.*

5: **Nix bliev wie et wor.** Nichts bleibt wie es war.
Sei offen für Neues.
Nothing stays the same. *Be open for new things.*

6: **Kenne mer nit, bruche mer nit, fott domet.**
Kennen wir nicht, brauchen wir nicht, weg damit. *Befass dich kritisch mit neuen Dingen.*
We don't know it, we don't need it, get rid of it. *Be critical with new things.*

7: **Wat wells de maache?** Was willst du machen?
Nimm dein Schicksal an. Du kannst nichts daran ändern.
There's nothing you can do. *Accept your fate. You can't change it anyway.*

8: **Maach et joot, ävver nit zo off.** Mach es gut, aber nicht zu oft.
Mäßige dich.
Do it the right way but not too often. *Control yourself.*

9: **Wat soll dä Quatsch?** Was soll der Quatsch?
Hinterfrage unsinnige Dinge.
What's this nonsense? *Question foolish things.*

10: **Drinks de eine met?** Trinkst du einen mit?
Sei gastfreundlich!
Let's have a drink. *Be friendly to your neighbours.*

11: **Do laachs de dich kapott.** Da lachst du dich kaputt.
Behalte immer deinen Humor.
LOL (Laughing out loud) *Never lose your sense of humor.*

Et es wie et es

Things are as they are

Et kütt wie et kütt

It comes as it comes

Et hät noch immer joot jejange

It's always worked out somehow

Wat fott es, es fott

What's gone is gone

Nix bliev wie et wor

Nothing stays the same

Kenne mer nit, bruche mer nit, fott domet

We don't know it, we don't need it, get rid of it

Wat wells de maache?

There's nothing you can do

Maach et joot, ävver nit zo off
Do it the right way but not too often

Wat soll dä Quatsch?

What's this nonsense?

Drinks de eine met?
Let's have a drink

Do laachs de dich kapott.
LOL - Laughing out loud

Das Kölsche Grundgesetz darf natürlich nur 11 Artikel haben, denn 11 ist hier, wie wir aus dem Karneval wissen, eine ganz besondere Zahl. Es gibt aber noch mehr Regeln, die nicht in die offizielle Fassung gehören.

Jede Jeck es anders. – Jeder Mensch ist anders.
Sei immer tolerant.
Each to his own taste. – *Be tolerant. Always.*

Hammer immer esu jemaht. – Haben wir immer so gemacht.
Das hat Tradition.
We've always done it like this. – *It's tradition.*

Et hätt noch schlimmer kumme künne.
– Es hätte noch schlimmer kommen können.
Reg dich nicht auf. Finde dich mit der Situation ab. Anderen geht es noch schlechter.
It comes as it comes – *Things happen. You can't change it.*

Mer muss och jünne könne. – Man muss auch gönnen können.
Du sollst nicht neidisch sein.
Be able to grant. – *Don't be jealous.*

Wer die Weisheiten des Kölschen Grundgesetzes versteht, der versteht auch die Kunst der Kölschen Lebensart...
Whoever understands these rules, understands the art of the Cologne way of life!

Über die Autoren

Der Bonner Künstler, Jan Künster, geb. 1951, absolvierte nach dem Besuch der Kölner Kunsthochschule eine Ausbildung zum Offset-Reprograf, bevor er sich Anfang der 80er Jahre der freien Malerei zuwandte. Durch seine dynamischen Pferdebilder ist er in kurzer Zeit international bekannt geworden. Seine Arbeiten werden in zahlreichen Einzelausstellungen weltweit gezeigt. Die Originale seiner Bilder befinden sich heute unter anderem in Museen und in bedeutenden Privatsammlungen.

Das Gesamtwerk des Künstlers ist sehr vielfältig. Er ist bekannt für seine außergewöhnlichen Bewegungsstudien aus dem Bereich des Golfsports. Seine Darstellungen zur „Edition Femmes" und „Faces" sind begehrte Sammlerobjekte, ebenso wie die fröhlichen Küchenclowns. Ganz besonders beliebt sind seine Bilder mit dem Lokalkolorit des Rheinlandes, die viele Bewunderer und Sammler gefunden haben.

Milca Künster, geb. 1953, ist selbständige Rechtsanwältin mit einer eigenen Kanzlei in Bonn. Neben ihrer Anwaltstätigkeit verfasst sie die Texte zu den Werken ihres Mannes, nicht nur zu den Büchern, sondern auch für die Bereiche PR, Marketing und Management.

Dieses Buch „Die Kunst der Kölschen Lebensart" ist ein besonderes Projekt, welches das Ehepaar Künster seiner gemeinsamen Lieblingsstadt Köln gewidmet hat. Dort in der Altstadt haben sich die Autoren mit ihrer schönen Galerie zur Kölschen Lebensart seit langem etabliert.

Im jährlichen Turnus erscheint ein Colonia-Kalender mit gemalten Motiven zur Kölschen Lebensart, der von vielen Fans und Sammlern geschätzt wird. In den Kochbüchern der Autoren befassen sich die Küchenclowns mit Rezepten aus aller Welt. Nun war es ein großes Anliegen mit diesem Buch wieder ein außergewöhnliches Werk zu erschaffen, das dem Leser und Betrachter auf einzigartige Weise die Kunst der Kölschen Lebensart nahebringt.

Das Ehepaar Künster lebt und arbeitet in Bonn. Die „Kunst der Kölschen Lebensart" war das siebte gemeinsame Buchprojekt der Autoren.

Weiteres erfahren Sie unter: www.jan-kuenster.com

After graduating from Cologne Art school and completing a training as offset-pornographer, the Bonn artist, Jan Künster, born in 1951 devoted himself to "free painting" in the early 80ies.

His dynamic horse paintings raised him to international fame in a very short time. His work was shown in numerous exhibitions worldwide and the originals can be found in museums as well as meaningful private collections.

His complete works are very diverse. He is known for his extraordinary motion studies in golf sports and his works to "Edition Femme" and "Faces" as much as the funny kitchen clowns are very coveted collectibles.

A lot of admirer and collectors fell for his paintings of the Rhineland.

Milca Künster, born in 1953, works as an independent attorney. Besides that, she writes texts for her husband`s work, not only for books but also for PR, marketing and management.

Über dieses Buch

Die Kölsche Lebensart ist eine Kunstform. Es handelt sich um eine unnachahmliche Verbindung von natürlichem Frohsinn und Gleichmut, eine gekonnte Balance zwischen „Laisser-Faire" und „Savoir-Vivre", aber mit dem notwendigen Schuss Ehrgeiz. Diese Mischung ist nur zu verstehen, wenn man weiß, wie sich das Leben in Köln entwickelt hat und wie es jetzt dort ist.

„La Kölsche Vita" ist die frohe Kunst des Seins unter besonderer Berücksichtigung der elf goldenen Lebensregeln des Kölschen Grundgesetzes. Gerade die Verinnerlichung dieser Weisheiten hat den Kölnern über viele Jahrhunderte auch in manchmal schweren Zeiten ihre Fröhlichkeit bewahrt.

Dieses Buch der besonderen Art fasziniert mit Bildern gemalt im einzigartigen Stil von Jan Künster. Er zeigt Köln aus anderen Perspektiven und fängt damit genau den besonderen Charme ein, der diese Stadt so liebenswert macht.

Die Autorin Milca Künster vermittelt mit fundierten Texten eine heitere Betrachtungsweise über die Geschichte, die Stadt und ihre Menschen und natürlich über Kirche, Kunst, Kölsch und Karneval orientiert am Kölschen Grundgesetz.

Jan Künster hat für seine Köln-Bilder, Kalender und Bücher ganz typische Clowns entwickelt, die der Gesellschaft auch oft den Spiegel vorhalten. Leicht und beschwingt führen sie auch durch dieses Buch, das mit liebevollen Darstellungen und vielen Details für alle Köln-Liebhaber gemalt und geschrieben wurde, um den Lesern und Betrachtern ein großes Vergnügen zu bereiten.

About this book

The Cologne way of living is an art form.
It's a unique connection of natural cheerfulness and serenity, a well done balance between "laisser-faire" and "savoir-vivre" with the essential dash of ambition. This mixture can only be understood by those who know how life in Cologne developed from the past and how it is today.

"La Kölsche Vita" is the art of being under consideration of the cologne basic law. Over the centuries, the internalization of this wisdom let the people of Cologne hang on to their happiness.

This special book fascinates with paintings drawn by Jan Künster in his very own and unique style. He shows the city from a different perspective, catching its charm that makes Cologne so lovable.

The author, Milca Künster, provides a cheerful way of looking at things with solid texts about the history, the city and its people and of course about churches, art, Kölsch and Carnival always with the Cologne Basic Law in mind.

Von den Autoren sind ebenfalls erschienen:

Carneval Colonia, Bildband
Der Zauber des Pegasus, Bildband
Culinaria Colonia, Band 1, Kochbuch
Culinaria Colonia, Band 2, Kochbuch
Charisma Colonia, Bildband
Die Küchenclowns reisen durch Italien, Kochbuch
Die Erfolgsrezepte der Küchenclowns, Kochbuch
Küchenclowns jeck op Weihnachten, Kochbuch
Die Küchenclowns kochen lecker kölsch, Kochbuch
Die Küchenclowns reisen ans Mittelmeer, Kochbuch

Kataloge aus dem Werk von Jan Künster sind erhältlich zu folgenden Kunstkollektionen:

Colonia

Bonn und das Rheinland

Küchenclowns

Pferde

Golf

Faces

Edition Femmes

Animals

Besuchen Sie uns unter: www.jan-kuenster.com